LOW BUDGET

VEGETARISCH

LOW BUDGET
VEGETARISCH

Dr. Oetker Verlag

VORWORT

Hören Sie nicht auf vegetarische Gerüchte wie „schmeckt nicht, wird langweilig, ist teuer". Mit unseren Ideen für vegetarische Gerichte werden Sie sofort feststellen: Schmeckt richtig gut, ist abwechslungsreich und kostet viel weniger als gedacht.

Die vegetarische Küche liegt voll im Trend. Wir haben für alle, die gelegentlich auf Fleisch verzichten wollen und auch für konsequente Vegetarier oder Veganer gesunde und leckere Rezepte mit Hülsenfrüchten, Getreide- und Milchprodukten, Eiern, Früchten, Kräutern und Nüssen zusammengestellt.

Das Spektrum reicht von vegetarischen Klassikern wie Tomaten- oder Kartoffelsuppe bis zu neuen Geschmackswelten durch exotische und wieder entdeckte Genüsse wie Buchweizen oder Hirse, Rote Bete oder Kürbis. Der Verzicht auf Fleisch und Fisch lässt Ihnen genügend finanziellen Spielraum für frisches Gemüse und hochwertige Zutaten. Alle Rezepte sind von Dr. Oetker ausprobiert und so beschrieben, dass sie garantiert gelingen.

GUTES ESSEN MUSS NICHT TEUER SEIN.

SALATE & VORSPEISEN:
Ob Kartoffeln, Couscous oder Reis – als Basis für erfrischende Salate sorgen sie dafür, dass man auch mit wenigen Kalorien gleichzeitig gesund essen und satt werden kann. Saisonale Zutaten aus der Region, aromatische Kräuter und fantasievolle Kompositionen lassen garantiert keine Langeweile aufkommen. Als Hauptgericht, Beilage oder Zwischendurch-Snack sind Salate vielfältige Alleskönner.

- - - - - - - - - - - - - -

ZACKIG ZUBEREITEN UND KNACKIG GENIESSEN.

ASIATISCHER SCHICHTSALAT

BEGEISTERT GÄSTE

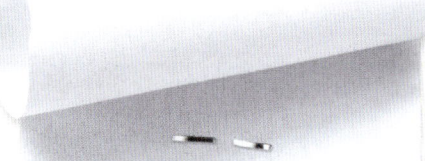

100 g Glasnudeln
1 kleiner Chinakohl
  (etwa 300 g)
1 Salatgurke
2 rote Pfefferschoten

FÜR DIE MARINADE:
5 EL Reisweinessig
3 EL Limettensaft
6 EL Sojasauce
2 TL rote Currypaste
  (erhältlich im Asialaden)
6 EL Sesamöl
Salz
gem. Pfeffer
Zucker

150 g geraspelte Möhren
175 g abgetropfte
  Mungobohnensprossen
  (aus der Dose)
250 g Bio-Tofu
  2 EL Zucker

TOTAL* ca.　　　**€ 0,95**

*pro Portion

1 Die Glasnudeln nach Packungsanleitung garen. Die Nudeln anschließend in einem Sieb gut abtropfen und erkalten lassen.

2 Den Chinakohl putzen. Den Kohl vierteln und den Strunk herausschneiden. Die Kohlviertel in schmale Streifen schneiden, abspülen und sehr gut abtropfen lassen. Salatgurke abspülen, abtrocknen und die Enden abschneiden. Gurke halbieren, entkernen und in dünne Scheiben schneiden. Pfefferschoten abspülen, abtrocknen, halbieren und in kleine Würfel schneiden. Gurkenscheiben mit den Pfefferschotenwürfeln vermischen.

3 Für die Marinade Essig mit Limettensaft, Sojasauce und Currypaste verrühren. Sesamöl unterschlagen. Marinade mit Salz, Pfeffer und Zucker würzen.

4 Zwei Drittel der Chinakohlstreifen in eine große, hohe Glasschüssel (4–5-Liter-Inhalt) geben. Möhrenraspel darauf verteilen. Mit gut 2 Esslöffeln der Marinade beträufeln. Die Gurken-Pfefferschoten-Mischung daraufgeben. Wieder mit etwa 3 Esslöffeln der Marinade beträufeln.

5 Zuerst die Mungobohnensprossen, dann die Glasnudeln daraufgeben. Die restlichen Chinakohlstreifen darauf verteilen und mit der Hälfte der restlichen Marinade beträufeln.

6 Tofu zerbröseln, mit der restlichen Marinade verrühren und als Abschluss auf die Chinakohlstreifen geben. Den Schichtsalat mit Frischhaltefolie zugedeckt in den Kühlschrank stellen und vor dem Servieren mindestens 5–6 Stunden durchziehen lassen.

*TIPP: Den Salat nach Belieben in hohen Gläsern (Wassergläsern) anrichten.

10–12 PORTIONEN ⏱ **60 Minuten**, ohne Abkühl- und Durchziehzeit 🍶 **E:** 5 g, **F:** 7 g, **Kh:** 14 g, **kJ:** 615, **kcal:** 147, **BE:** 1,0

KARTOFFELSALAT
MIT OLIVEN UND DILL

VEGAN

750 g festkochende
  Kartoffeln
1 Salatgurke (etwa 400 g)
Salz
1 Zwiebel (etwa 100 g)
2–3 Knoblauchzehen
etwa 70 abgetropfte,
  schwarze Oliven
300 g Sojaghurt
  (aus dem Kühlregal)
2 EL Weißweinessig
2 EL Distelöl
2 Bund Dill
gem. Pfeffer

TOTAL* ca.   **€ 2,20**

*pro Portion

1 Kartoffeln gründlich waschen, abtropfen lassen, in einem Topf knapp mit Wasser bedeckt, zugedeckt zum Kochen bringen und in 20–25 Minuten gar kochen.

2 Die gegarten Kartoffeln abgießen, mit kaltem Wasser abschrecken, heiß pellen und erkalten lassen.

3 In der Zwischenzeit die Gurke heiß abwaschen, abtrocknen und die Enden abschneiden. Die Gurke der Länge nach halbieren, entkernen und in sehr kleine Würfel schneiden. Gurkenwürfel mit 1 Teelöffel Salz mischen. Zwiebel und Knoblauch abziehen. Zwiebel halbieren und in sehr kleine Würfel schneiden. Knoblauch durch eine Knoblauchpresse drücken. Die Oliven zuerst vom Stein, dann in Streifen schneiden.

4 Sojaghurt mit Essig in einer Schüssel verrühren, Distelöl unterschlagen. Die Kartoffeln in dünne Scheiben schneiden und zur Marinade in die Schüssel geben. Gurken-, Zwiebelwürfel, durchgepressten Knoblauch und Olivenstreifen unter die Kartoffelscheiben heben. Den Kartoffelsalat etwa 15 Minuten durchziehen lassen.

5 Dill abspülen und trocken tupfen. Die Spitzen von den Stängeln zupfen, Spitzen klein schneiden.

6 Dill unter den Kartoffelsalat heben. Den Salat mit Salz und Pfeffer abschmecken.

4 PORTIONEN   🕐 **35 Minuten**, ohne Abkühl- und Durchziehzeit   **E:** 8 g, **F:** 10 g, **Kh:** 32 g, **kJ:** 1124, **kcal:** 269, **BE:** 2,5

RISOTTOSALAT

300 g Möhren
3 Zwiebeln
1–2 Knoblauchzehen
3 EL Olivenöl
170 g Risottoreis,
  z. B. Arborio
400 ml Gemüsebrühe

FÜR DIE SALATSAUCE:
200 ml Gemüsebrühe
5–6 EL Weißweinessig
Salz
gem. Pfeffer
3 EL Olivenöl

1 Bund Radieschen
100 g gehackter
  TK–Blattspinat (Minis)

TOTAL* ca.   **€ 0,95**

*pro Portion

1 Möhren putzen, schälen, abspülen, abtropfen lassen und in Scheiben schneiden. Zwiebeln abziehen, halbieren und in Streifen schneiden. Knoblauch abziehen und in Scheiben schneiden.

2 Olivenöl in einem Topf erhitzen. Reis, Zwiebelstreifen und Knoblauchscheiben darin unter Rühren andünsten. Etwas Gemüsebrühe hinzugießen. Den Reis zugedeckt etwa 5 Minuten bei schwacher Hitze garen. Dann die Möhrenscheiben hinzugeben und alles zugedeckt noch etwa 15 Minuten garen. Während der Garzeit die restliche Brühe nach und nach hinzugießen.

3 Für die Sauce die Gemüsebrühe mit Essig, Salz und Pfeffer verrühren. Olivenöl unterschlagen.

4 Vier Radieschen mit den kleinen, zarten Blättern zum Garnieren beiseitelegen. Restliche Radieschen putzen, abspülen, abtropfen lassen und in Scheiben schneiden.

5 Den gefrorenen Spinat unter den Risottoreis heben. Den Topf von der Kochstelle nehmen. Risotto lauwarm abkühlen lassen.

6 Die Radieschenscheiben mit der Sauce unter den Risottoreis heben. Salat mit Salz und Pfeffer würzen.

7 Beiseitegelegte Radieschen abspülen und trocken tupfen. Den Risottosalat anrichten und mit den Radieschen garnieren.

🥗 **2–4 PORTIONEN**   ⏱ **40 Minuten**, ohne Abkühlzeit   🍽 **E:** 8 g, **F:** 21 g, **Kh:** 55 g, **kJ:** 1911, **kcal:** 456, **BE:** 4,5

HIRSESALAT
MIT PAPRIKA UND ZUCCHINI

- - - - - - - - - - - - -
VEGAN

200 g Hirse
400 ml vegane Gemüsebrühe
1 Zwiebel (etwa 120 g)
2 rote Paprikaschoten
  (etwa 500 g)
2 Zucchini (etwa 400 g)
50 g Korinthen
5 EL Olivenöl
Salz
gem. Pfeffer
1 Bund glatte Petersilie
2–3 EL Weißweinessig

- - - - - - - - - - - - - - - - - - -

TOTAL* ca.   € 1,25

*pro Portion

1 Hirse in ein Sieb geben, mit kaltem Wasser abspülen und abtropfen lassen. Brühe in einem Topf zum Kochen bringen. Hirse hinzugeben, unter Rühren wieder zum Kochen bringen und zugedeckt etwa 15 Minuten bei schwacher Hitze garen.

2 In der Zwischenzeit Zwiebel abziehen, halbieren und in Streifen schneiden. Paprikaschoten vierteln, entstielen, entkernen und die weißen Scheidewände entfernen. Paprikaviertel abspülen, abtropfen lassen, in kurze Streifen schneiden.

3 Zucchini abspülen, abtrocknen und die Enden abschneiden. Zucchini in kurze Streifen schneiden. Korinthen in ein Sieb geben, mit heißem Wasser abspülen und abtropfen lassen.

4 Olivenöl in einem Topf erhitzen. Die Zwiebelstreifen darin andünsten. Paprikastreifen und Korinthen hinzugeben und zugedeckt etwa 10 Minuten garen. Dann Zucchinistreifen unterheben, mit Salz und Pfeffer würzen. Das Gemüse mit der Hirse vermischen. Den Salat etwas abkühlen lassen.

5 Petersilie abspülen und trocken tupfen. Die Blättchen von den Stängeln zupfen, Blättchen klein schneiden und unter den Hirsesalat heben. Den Salat mit Salz, Pfeffer und Essig würzen.

COUSCOUS-LINSEN-SALAT

EINFACH ZUZUBEREITEN – VEGAN

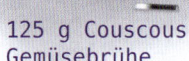

125 g Couscous
Gemüsebrühe

100 g rote Linsen
1 kleine Zwiebel
evtl. 1 Knoblauchzehe
1 gelbe Paprikaschote
½ Salatgurke (etwa 175 g)
3 Tomaten oder
  1 Fleischtomate

FÜR DIE SALATSAUCE:
Saft von ½ Zitrone
1–1 ½ EL Olivenöl
Salz
gem. Pfeffer
1 kleine Msp. Chilipulver
1 Prise Voll–Rohrzucker
1 kleines Bund Petersilie

TOTAL* ca.   € 1,90

*pro Portion

1 Couscous nach Packungsanleitung mit der Gemüsebrühe (die auf der Packung angegebene Flüssigkeitsmenge verwenden) zubereiten. Couscous erkalten lassen.

2 In der Zwischenzeit die Linsen nach Packungsanleitung in reichlich Wasser in 10–15 Minuten bissfest garen. Die gegarten Linsen in ein Sieb geben, mit kaltem Wasser abschrecken, abtropfen, abkühlen lassen und beiseitestellen.

3 Zwiebel und Knoblauch abziehen, beides fein würfeln. Paprikaschote halbieren, entstielen, entkernen und die weißen Scheidewände entfernen. Schote abspülen, abtropfen lassen und klein würfeln. Salatgurke abspülen, abtrocknen und das Ende abschneiden. Gurke längs halbieren.
Die Kerne mit einem Teelöffel herausschaben. Gurkenhälften mit der Schale in schmale Streifen schneiden.

4 Tomaten kreuzweise einschneiden und mit kochendem Wasser übergießen. Nach 1–2 Minuten herausnehmen und mit kaltem Wasser abschrecken. Tomaten häuten, halbieren und die Stängelansätze herausschneiden. Tomaten entkernen und das Fruchtfleisch in mundgerechte Stücke schneiden.

5 Den Couscous in eine Salatschüssel geben und mit 2 Gabeln etwas auflockern. Zwiebel-, Knoblauch- und Paprikawürfel sowie Gurkenstreifen und Tomatenstücke unter den Couscous heben.

6 Für die Sauce Zitronensaft mit Olivenöl verschlagen, mit Salz, Pfeffer, Chili und Zucker würzen. Die Sauce zum Salat geben und gut untermischen. Zuletzt die Linsen vorsichtig unterrühren. Den Couscous-Linsen-Salat gut durchziehen lassen.

7 Vor dem Servieren Petersilie abspülen und trocken tupfen. Die Blättchen von den Stängeln zupfen. Blättchen klein schneiden und unter den Salat geben. Den Salat nochmals abschmecken und servieren.

*TIPP: Der Salat schmeckt am besten, wenn er etwa 2 Stunden zugedeckt bei Zimmertemperatur durchziehen kann. Steht er im Kühlschrank, dann etwa eine halbe Stunde vor Ende der Durchziehzeit herausnehmen.
Schnelle Linsen: Im Gegensatz zu anderen Hülsenfrüchten sind rote Linsen im Nu gegart. Wichtig: Nicht zu lange kochen, sie zerfallen leicht!
Oder so: Dem Couscous-Linsen-Salat lassen sich mit verschiedenen Kräutern, wie zum Beispiel Kerbel, Minze oder Schnittlauch, vielfältige Geschmacksnuancen entlocken. Angenehm scharf wird er mit zusätzlichen Frühlingszwiebelscheiben (von 2–3 geputzten Frühlingszwiebeln), die einfach untergemischt werden.

🥗 **2 PORTIONEN**   ⏱ **30 Minuten**, ohne Durchziehzeit   🍽 **E:** 23 g, **F:** 10 g, **Kh:** 81 g, **kJ:** 2177, **kcal:** 514, **BE:** 6,5

GEMÜSESALAT
IM REISBLATT

EIN HAUCH ASIA-FEELING - VEGAN

4 dünne Frühlingszwiebeln
  (etwa 50 g)
etwa 150 g Möhren
2 Stangen Staudensellerie
100 g Sojasprossen
1 kleine Salatgurke (etwa
  100 g)
1 Bund Koriander
1 Bund Minze
12 Blatt getrocknetes Reis-
  papier (16 cm, erhältlich
  im Asialaden)

100 g geschälte, ungesalzene
  Erdnusskerne
1 kleine Chilischote
1 Knoblauchzehe
2 EL Sojasauce
200 ml Kokosmilch
Salz
1 EL brauner Voll-Rohrzucker
Sojasauce
Saft von 2 Limetten

TOTAL* **ca.**   **€ 2,45**

*pro Portion

1 Frühlingszwiebeln putzen, abspülen, abtropfen lassen und in etwa
5 cm lange, sehr dünne Streifen
schneiden. Möhren putzen, schälen,
abspülen, abtropfen lassen und
ebenfalls in sehr dünne Streifen
schneiden. Sellerie putzen,
abspülen, abtropfen lassen und
in schmale Streifen schneiden.
Sojasprossen verlesen, in ein Sieb
geben, mit kaltem Wasser abspülen
und abtropfen lassen. Gurke abspülen, abtrocknen und die Enden
abschneiden. Gurke längs halbieren
und die Kerne mit einem Löffel
herausschaben. Gurkenhälften in
dünne Streifen schneiden.

2 Koriander und Minze abspülen,
trocken tupfen. Die Blättchen von
den Stängeln zupfen.

3 Die Reispapierblätter einzeln 1–2
Minuten in nasse Geschirrtücher
einschlagen und weich werden lassen. Zuerst einige Kräuterblättchen
in die Mitte der Reispapierblätter
geben, dann jeweils 1 Esslöffel der
Gemüsestreifen daraufgeben. Die
Seiten einschlagen. Die belegten
Reispapierblätter vorsichtig aufrol-
len (wie eine Roulade) und mit der
Öffnung nach unten auf eine Platte
oder einen Teller legen.

4 Die Erdnusskerne in einer Pfanne
ohne Fett unter Rühren hellbraun
rösten und auf einen Teller geben.
Chilischote abspülen, trocken
tupfen, entstielen und in Ringe
schneiden. Knoblauch abziehen
und durch eine Knoblauchpresse
drücken. Erdnusskerne, Chiliringe,
Knoblauch und Sojasauce in einer
Küchenmaschine zu einer glatten
Paste verarbeiten.

5 Die Erdnusspaste mit der Kokosmilch in einem Topf verrühren und
unter Rühren aufkochen lassen. Die
Erdnusssauce mit Salz, Rohrzucker, Sojasauce und Limettensaft
abschmecken.

6 Den Gemüsesalat mit der Erdnusssauce servieren.

🥗 **4 PORTIONEN** ⏱ **60 Minuten** 🍶 **E:** 12 g, **F:** 21 g, **Kh:** 27 g, **kJ:** 1531, **kcal:** 365, **BE:** 2,0

SCHARFER KÜRBISSALAT
MIT HARISSA UND MINZE

RAFFINIERT – FÜR GÄSTE

FÜR DIE VINAIGRETTE:
1 Bio-Orange (unbehandelt, ungewachst)
1 Orange
50 g getrocknete Soft-Feigen
1–2 EL Harissa (Gewürzpaste, ersatzweise Cayennepfeffer)
5 EL flüssiger Honig, z. B. Akazienhonig
200 ml Orangensaft (von den Orangen)
5 EL Zitronensaft
Salz
9 EL Olivenöl

1,2 kg Hokkaido-Kürbis
250–300 ml Wasser

FÜR DEN WALNUSS-JOGHURT:
4 Frühlingszwiebeln (etwa 80 g)
30 g Walnusskerne
6 Stängel Dill
500 g griechischer Sahnejoghurt (10 % Fett)

4 Stängel glatte Petersilie
2 Stängel Minze

TOTAL* ca.   € 2,32

*pro Portion

1 Für die Vinaigrette Bio-Orange heiß abwaschen, abtrocknen und ein Achtel der Schale mit einem Zestenreißer abziehen. Beide Orangen halbieren, den Saft auspressen und 200 ml Saft abmessen. Die Feigen in kleine Würfelchen schneiden, mit Harissa oder Cayennepfeffer, Honig, Orangensaft, -schale, Zitronensaft und Salz verrühren. 6 Esslöffel Olivenöl unterschlagen.

2 Den Kürbis abspülen, abtropfen lassen, halbieren und die Kerne mit einem Löffel herausschaben. Den Kürbis mit der Schale zuerst in etwa 2 cm breite Scheiben, dann in Würfel schneiden. Restliches Olivenöl in einer weiten Pfanne erhitzen. Kürbiswürfel darin bei starker Hitze etwa 4 Minuten von allen Seiten leicht anbraten. Mit Wasser ablöschen, zum Kochen bringen und einkochen lassen, bis die Kürbiswürfel gar, aber noch etwas bissfest sind. Die Pfanne von der Kochstelle nehmen. Die Vinaigrette untermischen. Die Pfanne mit einem Deckel verschließen. Kürbiswürfel mindestens 30 Minuten durchziehen lassen.

3 Für den Walnuss-Joghurt die Frühlingszwiebeln putzen, abspülen, abtropfen lassen und in feine Scheiben schneiden. Die Walnusskerne grob hacken. Dill abspülen und trocken tupfen. Die Spitzen von den Stängeln zupfen. Spitzen klein schneiden. Joghurt mit Frühlingszwiebelscheiben, Walnusskernen und Dill verrühren, mit Salz würzen.

4 Petersilie und Minze abspülen und trocken tupfen. Die Blättchen von den Stängeln zupfen. Blättchen grob zerschneiden und unter den Kürbissalat mischen. Den Kürbissalat mit dem Walnuss-Joghurt anrichten und servieren.

4 PORTIONEN 45 Minuten

🥗 **4 PORTIONEN**   ⏱ **45 Minuten**, ohne Durchziehzeit   🍽 **E:** 11 g, **F:** 48 g, **Kh:** 51 g, **kJ:** 2859, **kcal:** 682, **BE:** 4,0

ROSENKOHL-CHAMPIGNON-SALAT
MIT CURRY UND KORIANDER

BEGEISTERT GÄSTE

500 g Rosenkohl
Salzwasser
2 EL Distelöl
2 TL Currypulver
125 g Rosinen
100 ml Gemüsebrühe
150 g frische, rosé
 Champignons
1 Fleischtomate
4 Stängel Koriander

TOTAL * ca.   € 0.80

*pro Portion

1 Von dem Rosenkohl die äußeren Blätter entfernen und etwas vom Strunk abschneiden. Röschen am Strunk kreuzförmig einschneiden, abspülen und abtropfen lassen. Rosenkohlröschen halbieren.

2 Den Rosenkohl in kochendem Salzwasser bissfest garen.

3 Rosenkohl mit kaltem Wasser abschrecken, abtropfen lassen und in eine Schüssel geben.

4 Distelöl in einem kleinen Topf erhitzen. Curry und Rosinen darin andünsten. Gemüsebrühe hinzugießen und aufkochen lassen. Die Brühe auf dem Rosenkohl verteilen, gut vermischen und auf einer Platte oder auf Tellern anrichten.

5 Die Champignons putzen, evtl. kurz abspülen, gut trocken tupfen und in dünne Scheiben schneiden oder hobeln. Die Tomate abspülen, vierteln, entkernen und den Stängelansatz herausschneiden. Tomate in kleine Würfel schneiden.

6 Die Champignonscheiben und Tomatenwürfel auf dem Rosenkohl verteilen. Koriander abspülen und trocken tupfen. Die Blättchen von den Stängeln zupfen. Den Rosenkohl-Champignon-Salat mit Korianderblättchen garniert servieren.

🍲 **4 PORTIONEN**   ⏱ **30 Minuten**   🍱 **E:** 7 g, **F:** 6 g, **Kh:** 27 g, **kJ:** 871, **kcal:** 208, **BE:** 2,0

SUPPEN & EINTÖPFE:

Sie haben schon alles ausprobiert? Bestimmt nicht diese tollen Kombinationen aus Spinat mit Avocado, Grünkohl mit Curry oder roten Linsen mit Zitronenblättern. Auch ohne Fleisch und Fisch können Suppen immer wieder andere Geschmackserlebnisse bieten, im Sommer erfrischen und im Winter wärmen. Da kann man auch direkt mehr kochen und für wenig Geld viele Gäste glücklich machen.

DURCHZIEHEN LASSEN UND SCHMECKEN LASSEN.

TOMATENSUPPE
MIT MOZZARELLAKLÖSSCHEN

- - - - - - - - - - - - - -
ITALIEN AUF DEM TELLER

FÜR DIE SUPPE:
2 Zwiebeln
2 Knoblauchzehen
2 EL Speiseöl,
   z. B. Olivenöl
800 g geschälte Tomaten
   (aus der Dose)
500 ml Gemüsefond
Zucker
Salz
gem. Pfeffer
Cayennepfeffer
1 Lorbeerblatt
gerebelter Oregano

**FÜR DIE MOZZARELLA–
   KLÖSSCHEN:**
250 g abgetropfter
   Mozzarella
1 Topf Basilikum

einige Basilikumblättchen

- - - - - - - - - - - - - -
TOTAL* ca.   **€ 1,85**

*pro Portion

1 Für die Suppe Zwiebeln und Knoblauch abziehen, beides in kleine Würfel schneiden.

2 Speiseöl in einem Topf erhitzen. Zwiebel- und Knoblauchwürfel darin unter Rühren andünsten. Tomaten evtl. etwas zerkleinern und in den Topf geben. Fond, 1 Prise Zucker, Salz, Pfeffer, Cayennepfeffer, Lorbeerblatt und Oregano hinzufügen. Die Zutaten zum Kochen bringen und zugedeckt etwa 15 Minuten bei schwacher Hitze kochen lassen.

3 In der Zwischenzeit für die Klößchen Mozzarella grob zerkleinern und pürieren. Basilikum abspülen und trocken tupfen. Die Blättchen von den Stängeln zupfen, Blättchen klein schneiden unter die Mozzarellamasse kneten, mit Salz und Pfeffer würzen. Aus der Mozzarellamasse mit angefeuchteten Händen 18–24 Klößchen formen und in Suppentellern verteilen.

4 Das Lorbeerblatt aus der Suppe entfernen. Die Suppe pürieren und anschließend durch ein Sieb streichen. Die Suppe aufkochen und nochmals mit den Gewürzen abschmecken. Die Tomatensuppe in die Teller auf die Klößchen geben und mit abgespülten, trocken getupften Basilikumblättchen bestreut servieren.

*TIPP: Statt der geschälten Tomaten aus der Dose können Sie auch 1 ½ kg frische Tomaten verwenden. Dann die Tomaten abspülen, abtrocknen, halbieren und die Stängelansätze herausschneiden. Die Tomaten würfeln.

4 PORTIONEN   **30 Minuten**, 15 Minuten Garzeit   **E:** 15 g, **F:** 19 g, **Kh:** 10 g, **kJ:** 1151, **kcal:** 274, **BE:** 0,5

SELLERIE-KARTOFFEL-EINTOPF
MIT KICHERERBSEN UND PETERSILIENÖL

WÜRZIGER GENUSS – VEGAN

400 g festkochende
  Kartoffeln, z. B. Linda
500 g Knollensellerie
200 g Möhren
1 Zwiebel
2 EL Butter
1 ½ l Gemüsebrühe
240 g abgetropfte Kicher-
  erbsen (aus der Dose)
1 Bund glatte Petersilie
200 ml mildes Olivenöl
Salz
grob gem. schwarzer Pfeffer

TOTAL* ca.   **€ 1,15**

*pro Portion

1 Die Kartoffeln schälen, abspülen, abtropfen lassen und in Würfel schneiden. Knollensellerie putzen, schälen, abspülen, abtropfen lassen, halbieren und ebenfalls in Würfel schneiden. Möhren putzen, schälen, abspülen, abtropfen lassen und würfeln. Die Zwiebel abziehen und in kleine Würfel schneiden.

2 Die Butter in einem Topf zerlassen, Zwiebelwürfel darin andünsten. Kartoffel-, Sellerie- und Möhrenwürfel hinzufügen und darin unter Rühren mit andünsten. Gemüsebrühe hinzugießen und zum Kochen bringen. Den Eintopf zugedeckt etwa 20 Minuten bei mittlerer Hitze kochen lassen.

3 Die Kichererbsen nach etwa 15 Minuten Garzeit zum Eintopf in den Topf geben und mitgaren lassen.

4 In der Zwischenzeit Petersilie abspülen und trocken tupfen. Die Blättchen von den Stängeln zupfen. Blättchen grob zerschneiden und in einen hohen Rührbecher geben. Olivenöl und gut 1 Prise Salz hinzufügen und mit dem Pürierstab zu einem glatten, grünen Öl mixen.

5 Den Eintopf mit Salz und grob gemahlenem Pfeffer abschmecken, in Tellern oder Bowls verteilen. Mit je 1–2 Esslöffeln (je etwa 15 g) des Petersilienöls verzieren und sofort servieren.

BEILAGE: Geröstetes Bauernbrot.

*TIPP: Das restliche Petersilienöl zugedeckt im Kühlschrank aufbewahren und nach Belieben für Pasta oder Salate verwenden. Den Eintopf nach Belieben mit einigen Petersilienblättchen garnieren.

🍲 **4 PORTIONEN**   ⏱ **40 Minuten**, 20 Minuten Garzeit   🥣 **E:** 10 g, **F:** 26 g, **Kh:** 30 g, **kJ:** 1640, **kcal:** 392, **BE:** 2,5

ROSENKOHLCREMESUPPE
MIT BREZELCHIPS

LÖFFEL FÜR LÖFFEL GENIESSEN

```
500 g Rosenkohl
250 ml Salzwasser
1 Laugenbrezel
30 g Butter
500 ml Gemüsebrühe
1 Eigelb (Größe M)
1 EL Crème fraîche
Salz
Zucker
Cayennepfeffer
ger. Muskatnuss
1 EL klein geschnittene
  Petersilie
```

TOTAL* ca.   **€ 0,80**

*pro Portion

1 Rosenkohl putzen und die Röschen am Strunk kreuzförmig einschneiden. Den Rosenkohl abspülen, abtropfen lassen und in kochendem Salzwasser etwa 10 Minuten garen.

2 In der Zwischenzeit Brezel in Scheiben schneiden. Die Butter in einer Pfanne zerlassen, die Brezelscheiben darin unter Wenden goldbraun rösten, herausnehmen und auf einen Teller geben.

3 Kurz vor Ende der Garzeit der Rosenkohlröschen etwa 10 Röschen mit einem Schaumlöffel aus dem Topf nehmen und beiseitelegen. Die restlichen Rosenkohlröschen in dem Kochsud pürieren.

4 Die Brühe hinzugießen und zum Kochen bringen. Eigelb und Crème fraîche mit 3 Esslöffeln der Suppe verrühren, dann unter die restliche Suppe schlagen und erhitzen (nicht mehr kochen lassen).

5 Die Suppe mit Salz, 1 Prise Zucker, Cayennepfeffer und Muskat würzen. Beiseitegelegten Rosenkohl jeweils vierteln oder in Blätter zerteilen und in die Suppe geben. Die Suppe in Tellern anrichten, mit Petersilie und evtl. etwas Cayennepfeffer bestreuen. Nach Belieben einige Brezelchips in die Suppe geben und servieren. Restliche Brezelchips dazureichen.

🍲 **4 PORTIONEN** ⏲ **45 Minuten**, 10 Minuten Garzeit 🍲 **E:** 8 g, **F:** 11 g, **Kh:** 16 g, **kJ:** 873, **kcal:** 208, **BE:** 1,5

SPINATSUPPE
MIT AVOCADOSTÜCKEN

PASST GUT ZUSAMMEN – VEGAN

300 g TK-Blattspinat
1 Zwiebel (etwa 120 g)
1 Knoblauchzehe
3 EL Distelöl
1 TL Sambal Oelek
500 ml vegane Gemüsebrühe
1 Bund Koriander
1 reife Avocado
500 ml Reisdrink (ungesüßt)
Salz
gem. Pfeffer

TOTAL* ca.   **€ 1,50**

*pro Portion

1 Spinat in einem Sieb etwas antauen lassen. Zwiebel und Knoblauch abziehen, Zwiebel in kleine Würfel schneiden und Knoblauch durch eine Knoblauchpresse drücken.

2 Distelöl in einem Topf erhitzen. Zwiebelwürfel, Knoblauch und Sambal Oelek darin andünsten. Spinat in Streifen schneiden, zu den Zwiebelwürfeln geben und mitdünsten lassen. Brühe hinzugießen und zum Kochen bringen. Die Suppe bei schwacher Hitze etwa 6 Minuten kochen lassen.

3 Koriander abspülen und trocken tupfen. Die Blättchen von den Stängeln zupfen, Blättchen in Streifen schneiden. Avocado halbieren und den Stein entfernen. Das Fruchtfleisch aus der Schale lösen und in Würfel schneiden.

4 Den Reisdrink zur Spinatsuppe geben und nochmals aufkochen lassen. Korianderstreifen unterheben. Die Suppe mit Salz und Pfeffer abschmecken. Die Suppe mit den Avocadowürfeln in Tellern anrichten und servieren.

*TIPP: Im Sommer etwa 400 g frischen Blattspinat verwenden. Dann Spinat verlesen und die dicken Stiele entfernen. Spinat gründlich waschen, abtropfen lassen.

4 PORTIONEN   **30 Minuten**, 6 Minuten Garzeit   **E:** 4 g, **F:** 20 g, **Kh:** 15 g, **kJ:** 1131, **kcal:** 269, **BE:** 1,0

KARTOFFEL-INGWER-SUPPE

DAUERT LÄNGER

FÜR DIE SUPPE:
3 Zwiebeln
2 Knoblauchzehen
2 Bund Suppengrün (Sellerie,
   Möhren, Porree)
etwa 100 g Petersilien-
   wurzeln
50 ml Speiseöl, z. B. Rapsöl
3 l Wasser
1 gestr. EL Salz
2 Lorbeerblätter
1 TL Pfefferkörner
1 Zwiebel
50 g frischer Ingwer
600 g festkochende
   Kartoffeln
2 EL Speiseöl
100 g Schlagsahne
Salz
Zucker
½ Bund Koriander

TOTAL* ca.   **€ 1,00**

*pro Portion

1 Für die Suppe Zwiebeln und Knoblauch abziehen, in kleine Würfel schneiden. Suppengrün putzen, schälen, abspülen und abtropfen lassen. Das Suppengrün grob würfeln. Petersilienwurzeln putzen, schälen, abspülen, abtropfen lassen und ebenfalls würfeln.

2 Speiseöl in einem großen Topf erhitzen. Zwiebel- und Knoblauchwürfel darin andünsten. Vorbereitete Gemüsewürfel hinzugeben, unter Rühren kurz mitdünsten lassen. Wasser mit Salz, Lorbeerblättern und Pfefferkörnern hinzugeben.

3 Die Zutaten zum Kochen bringen. Das Gemüse ohne Deckel bei schwacher bis mittlerer Hitze etwa 60 Minuten kochen lassen. Das Gemüse aus der Brühe nehmen und entfernen. Die Brühe durch ein Sieb in einen Topf gießen.

4 Die Zwiebel abziehen und grob würfeln. Ingwer schälen und in kleine Würfel schneiden. Kartoffeln schälen, abspülen und abtropfen lassen. 350 g Kartoffeln grob würfeln. Die restlichen Kartoffeln (250 g) in kleine Würfel schneiden, mit Wasser bedeckt beiseitestellen.

5 Speiseöl in einem großen Topf erhitzen. Zwiebelwürfel darin glasig dünsten. Die grob geschnittenen Kartoffelwürfel und Ingwerwürfel hinzugeben, unter Rühren kurz mitdünsten lassen. Die Gemüsebrühe hinzugießen, zum Kochen bringen und etwa 30 Minuten bei schwacher Hitze leicht kochen lassen. Sahne hinzugießen und einmal aufkochen lassen. Die Suppe fein pürieren. Sollte die Suppe zu dick sein, etwas Wasser unterrühren. Mit Salz und Zucker abschmecken.

6 Die beiseitegestellten kleinen Kartoffelwürfel in kochendem Salzwasser etwa 3 Minuten bissfest kochen. Kartoffelwürfel in ein Sieb geben, mit kaltem Wasser abspülen, abtropfen lassen, in die Suppe geben und nochmals erhitzen.

7 Koriander abspülen und trocken tupfen. Die Blättchen von den Stängeln zupfen. Blättchen grob zerkleinern. Die Suppe mit Koriander bestreut servieren.

🍲 **4 PORTIONEN**   ⏱ **50 Minuten**, 90 Minuten Garzeit   🍳 **E:** 4 g, **F:** 26 g, **Kh:** 24 g, **kJ:** 1453, **kcal:** 347, **BE:** 2,0

STECKRÜBENSUPPE
MIT THYMIAN UND APFELCHIPS

- - - - - - - - - - - - - - -
VEGAN

1 Steckrübe (etwa 500 g)
1 Möhre (etwa 150 g)
120 g Knollensellerie
1 Zwiebel (etwa 120 g)
2 EL Rapsöl
2 TL gerebelter Thymian
1 l vegane Gemüsebrühe
100 ml Dinkel- oder Hafercuisine
Salz
gem. Pfeffer
ger. Muskatnuss
20 g Apfelchips
4 Stängel Thymian

- - - - - - - - - - - - - - - - - -

TOTAL * ca.   € 0,90

*pro Portion

1 Steckrübe, Möhre und Knollensellerie putzen, schälen, abspülen, abtropfen lassen und in Würfel schneiden. Zwiebel abziehen und klein würfeln.

2 Rapsöl in einem Topf erhitzen. Zwiebelwürfel und Thymian darin andünsten. Gemüsewürfel hinzugeben und unter Rühren mitdünsten lassen. Brühe hinzugießen und zum Kochen bringen. Das Gemüse zugedeckt etwa 20 Minuten garen.

3 Anschließend das Gemüse in der Brühe pürieren. Dinkel- oder Hafercuisine unterrühren und die Suppe unter Rühren aufkochen. Mit Salz, Pfeffer und Muskat würzen.

4 Vier Apfelchips (Ringe) zum Garnieren beiseitelegen. Restliche Apfelchips in Stücke brechen. Thymian abspülen und trocken tupfen.

5 Die Suppe in 4 Tellern anrichten, mit je einem Thymianstängel, beiseitegelegten Apfelringen und einigen Apfelchips anrichten.

ROTE LINSENSUPPE MIT KAFFIR-ZITRONEN-BLÄTTERN

(Foto Seite 35, im Foto oben – 10 Portionen)

Dafür 1 Bund Suppengrün (Sellerie, Möhren, Porree) putzen, schälen, abspülen, abtropfen lassen und in kleine Stücke schneiden. 2 Zwiebeln abziehen, in grobe Würfel schneiden.
3 Esslöffel Speiseöl in einem großen Topf erhitzen. Je 1 Teelöffel Kreuzkümmel (Cumin), Koriander, Ingwer (alles gemahlen) hinzugeben und unter Rühren aufschäumen lassen. Das vorbereitete Suppengrün und die Zwiebelwürfel hinzugeben, unter Rühren andünsten. 3 Liter Gemüsebrühe hinzugießen, zum Kochen bringen. Mit Salz und 1 Prise Zucker würzen. Das Gemüse in etwa 20 Minuten bei schwacher Hitze weich kochen. 100 g rote Linsen und 400 ml Kokosmilch hinzugeben, weitere etwa 10 Minuten kochen lassen. Den Topf von der Kochstelle nehmen. Die Linsensuppe mit einem Pürierstab fein pürieren. 10 Kaffir-Zitronen-Blätter abspülen, trocken tupfen und in die Suppe geben. Die Suppe mit Salz und 1 Prise Zucker abschmecken. 100 g rote Linsen in kochendem Wasser etwa 2 Minuten bissfest kochen. Linsen in ein Sieb geben, mit kaltem Wasser abspülen, abtropfen lassen, in die heiße Suppe geben, evtl. nochmals kurz erhitzen. Die Suppe mit 3 Esslöffeln Sesamöl beträufeln und servieren.
Preis pro Portion: ca. € 0,75

🥣 **4 PORTIONEN** ⏱ **30 Minuten**, 20 Minuten Garzeit 🍲 **E:** 3 g, **F:** 9 g, **Kh:** 16 g, **kJ:** 715, **kcal:** 171, **BE:** 1,0

KOHLRABI-APFEL-SÜPPCHEN

LÖFFEL FÜR LÖFFEL GENIESSEN

2 mittelgroße Kohlrabi (ge-
  schält etwa 400 g)
1 großer Apfel, z. B. Boskop
  oder Elstar
1 kleine Zwiebel
2 EL Butter
1 EL Weizenmehl
750 ml Gemüsebrühe
Salz
250 g Schlagsahne
Zucker
Zitronensaft
40 g Radieschensprossen
4 EL Crème fraîche

TOTAL* ca. **€ 1,15**

*pro Portion

1 Die Kohlrabi putzen, schälen, abspülen, abtropfen lassen und grob
würfeln. Den Apfel gut abspülen,
abtrocknen, vierteln und entkernen.
Apfelviertel mit der Schale grob
zerkleinern. Die Zwiebel abziehen
und klein würfeln.

2 Butter in einem Topf zerlassen. Die
Kohlrabiwürfel und Apfelstücke
darin unter Rühren andünsten. Mit
Mehl bestäuben und kurz mitdünsten lassen. Brühe hinzugießen, mit
Salz würzen. Die Zutaten zum Kochen bringen und etwa 15 Minuten
bei schwacher Hitze kochen lassen.

3 Den Topf von der Kochstelle nehmen. Sahne hinzugießen. Die Suppe
mit einem Pürierstab fein pürieren,
anschließend durch ein feines Sieb
(Haarsieb) passieren. Mit Salz, Zucker und Zitronensaft abschmecken.

4 Radieschensprossen abspülen
und trocken tupfen. Das Kohlrabi-
Apfel-Süppchen in Suppentassen
anrichten, mit Crème fraîche und
den Radieschensprossen garnieren.

*TIPP: Die Suppe zusätzlich mit abgespülten, trocken getupften Kräuterblättchen und Apfelspalten garnieren.

🥗 **4 PORTIONEN** ⏱ **35 Minuten**, 15 Minuten Garzeit 🍲 **E:** 6 g, **F:** 36 g, **Kh:** 16 g, **kJ:** 1739, **kcal:** 417, **BE:** 1,5

GRÜNKOHL-CURRYTOPF

VEGAN

2 Zwiebeln
1 rote Chilischote
2 EL Sonnenblumenöl
1 EL vegane gelbe oder
  grüne Currypaste
600 g TK-Grünkohl
Salz
gem. Pfeffer
400 ml Kokosmilch
400 ml vegane Gemüsebrühe
2 Möhren
200 g Süßkartoffeln
30 g Ingwer oder Galgant

200 ml Wasser
50 g rote Linsen
Zucker

TOTAL* ca.   **€ 1,45**

*pro Portion

1 Zwiebeln abziehen und in Scheiben schneiden. Chilischote abspülen, abtropfen lassen, entstielen, längs aufschneiden, entkernen und in feine Ringe schneiden.

2 Das Sonnenblumenöl in einem großen Topf erhitzen. Currypaste, Zwiebelscheiben und Chiliringe hinzugeben und kurz unter Rühren andünsten. Den gefrorenen Grünkohl hinzugeben, unterrühren und etwa 5 Minuten mitdünsten, mit Salz und Pfeffer würzen.

3 Kokosmilch und Gemüsebrühe zum Grünkohl in den Topf gießen. Die Zutaten zum Kochen bringen und zugedeckt bei schwacher Hitze etwa 15 Minuten kochen lassen, dabei gelegentlich umrühren.

4 In der Zwischenzeit die Möhren putzen. Süßkartoffeln und Möhren schälen, abspülen, abtropfen lassen, in Würfel schneiden. Ingwer oder Galgant schälen, fein reiben oder in sehr kleine Würfel schneiden.

5 Süßkartoffel-, Möhrenwürfel und Ingwer oder Galgant in den Eintopf geben. Den Eintopf zugedeckt wieder zum Kochen bringen und bei mittlerer Hitze weitere etwa 45 Minuten kochen lassen, dabei gelegentlich umrühren.

6 In der Zwischenzeit das Wasser zugedeckt in einem Topf zum Kochen bringen. Die Linsen hinzugeben und etwa 8 Minuten bei schwacher Hitze kochen lassen. Die Linsen in ein Sieb geben und abtropfen lassen.

7 Die Linsen in den Eintopf geben und unterrühren. Den Grünkohl-Currytopf mit Salz, Pfeffer und 1 Prise Zucker abschmecken, in Suppenschalen anrichten und servieren.

🍲 **4 PORTIONEN**   ⏱ **30 Minuten**, 60 Minuten Garzeit   🍽 **E:** 14 g, **F:** 25 g, **Kh:** 28 g, **kJ:** 1648, **kcal:** 396, **BE:** 2,0

WINTERSUPPE
MIT GRAUPEN UND WEISSEN BOHNEN

VEGAN

250 g getrocknete kleine,
   weiße Bohnen
150 g Perlgraupen
Salz
1 Zwiebel
5 Stängel Liebstöckel
3 l Gemüsebrühe
1 Lorbeerblatt
50 g Staudensellerie
1 Stange Porree (Lauch,
   etwa 100 g)
250 g Möhren
200 g Wirsing
100 g Backobst
gem., schwarzer Pfeffer
4 EL Meerrettich (aus dem
   Glas)

TOTAL* ca.   **€ 1,25**

*pro Portion

1 Am Vortag Bohnen in eine Schüssel geben und mit kaltem Wasser übergießen, sodass sie ganz bedeckt sind. Bohnen über Nacht einweichen.

2 Am nächsten Tag Graupen in ein Sieb geben und so lange mit kaltem Wasser abspülen, bis das Wasser fast klar abläuft.

3 Wasser in einem Topf zum Kochen bringen, etwas Salz hinzugeben. Die Graupen darin etwa 40 Minuten kochen lassen. Anschließend in ein Sieb geben, mit kaltem Wasser abspülen und abtropfen lassen.

4 Eingeweichte Bohnen abtropfen lassen. Die Zwiebel abziehen. Liebstöckel abspülen und trocken tupfen. Brühe mit Bohnen, Lorbeerblatt, 2 Stängeln Liebstöckel und der ganzen Zwiebel in einem großen Topf zum Kochen bringen. Die Bohnen ohne Deckel etwa 45 Minuten kochen lassen, bis sie weich sind. Die Suppe zwischendurch abschäumen.

5 In der Zwischenzeit Staudensellerie putzen, abspülen, abtropfen lassen, in dünne Scheiben schneiden. Porree putzen, die Stange längs halbieren, gründlich waschen, abtropfen lassen und in dünne Streifen schneiden. Möhren putzen, schälen, abspülen, abtropfen lassen und klein würfeln.

6 Wirsing putzen, vierteln und den Strunk herausschneiden. Von den Wirsingblättern die dicken Rippen entfernen. Wirsingblätter abspülen, abtropfen lassen und in mundgerechte Stücke schneiden. Backobst fein würfeln.

7 Zwiebel, Lorbeerblatt und Liebstöckel aus der Brühe nehmen. Die Selleriescheiben, Porreestreifen, Möhrenwürfel und den Wirsing zur Brühe mit den Bohnen geben, mit Salz und Pfeffer würzen. Die Suppe wieder zum Kochen bringen und weitere etwa 15 Minuten ohne Deckel kochen lassen.

8 Von den restlichen Liebstöckelstängeln die Blättchen abzupfen. Blättchen grob zerschneiden. Die Graupen in die Suppe geben und miterhitzen. Zuletzt Backobstwürfel unterheben. Die Suppe in Tellern anrichten und servieren. Meerrettich dazureichen.

🍲 **4 PORTIONEN** ⏱ **45 Minuten**, 100 Minuten Garzeit 🍱 **E:** 23 g, **F:** 3 g, **Kh:** 68 g, **kJ:** 1656, **kcal:** 392, **BE:** 5,5

SPARGEL-REIS-SUPPE

GLÜCK ZUM LÖFFELN

125 g Langkornreis
250 ml Salzwasser
500 g weißer Spargel
250 ml Wasser
Salz
Zucker
30 g Butter
20 g Weizenmehl
750 ml Gemüsebrühe
Salz
gem. Pfeffer
ger. Muskatnuss
einige Spritzer Zitronensaft

TOTAL* ca.   **€ 1,05**

*pro Portion

1 Reis in kochendem Salzwasser zugedeckt bei mittlerer Hitze 12–15 Minuten garen. Den gegarten Reis in einem Sieb abtropfen lassen.

2 Den Spargel von oben nach unten dünn schälen, dabei darauf achten, dass die Schalen vollständig entfernt, die Köpfe aber nicht verletzt werden. Die unteren Enden abschneiden. Spargel abspülen, abtropfen lassen und in etwa 3 cm lange Stücke schneiden.

3 Wasser in einem Topf zugedeckt zum Kochen bringen, je 1 Prise Salz und Zucker hinzufügen. Spargelstücke darin etwa 8 Minuten garen. Spargelstücke in einem Sieb abtropfen lassen, dabei das Spargelwasser auffangen.

4 Die Butter in einem Topf zerlassen. Mehl darin unter Rühren so lange erhitzen, bis es hellgelb ist. Die Gemüsebrühe nach und nach hinzugießen und mit einem Schneebesen kräftig durchschlagen, dabei darauf achten, dass keine Klümpchen entstehen. Die Suppe zum Kochen bringen und bei schwacher Hitze etwa 5 Minuten unter gelegentlichem Rühren kochen lassen.

5 Spargelwasser mit den Spargelstücken unterrühren. Reis ebenfalls in die Suppe geben und alles nochmals kurz erwärmen. Die Suppe mit Salz, Pfeffer, Muskat und Zitronensaft abschmecken.

HAUPTGERICHTE:

Saisonales Gemüse wird ==überall== frisch angeboten und ist die beste ==Grundlage== für ==leckeres Essen==, das auch noch richtig günstig ist. Und eintönig wird es bestimmt nicht, denn es gibt so viele gesunde ==Kombinationsmöglichkeiten==. Versuchen Sie doch mal Falafel mit Radieschensalat, roh gebratene ==Schwarzwurzeln== mit Rosenkohl und Sesam oder Kürbisgemüse mit Polentaschnitten. Das ist leicht und macht trotzdem ==satt==.

JAHRESZEITEN NUTZEN UND SOFORT VERPUTZEN

KARTOFFEL-ZUCCHINI-PUFFER
MIT SPINATSALAT UND HUMUS

VEGAN

4 große, festkochende
 Kartoffeln, z. B. Linda
2 Zucchini
Salz
gem. Pfeffer

FÜR DEN SPINATSALAT:
500 g junger Blattspinat
8 dünne Frühlingszwiebeln
24 Cocktailtomaten
4 EL Zitronensaft
8 EL Olivenöl

8 EL Olivenöl zum Braten
8 EL Humus (Kichererbsenpü-
 ree)

TOTAL* ca.   € 2,45

*pro Portion

1 Die Kartoffeln schälen, abspülen, abtropfen lassen und auf einer Haushaltsreibe grob reiben. Die Zucchini abspülen, abtrocknen und die Enden abschneiden. Zucchini ebenfalls reiben. Kartoffel- und Zucchiniraspel mit Salz und Pfeffer würzen.

2 Für den Salat den Blattspinat verlesen und die dicken Stiele entfernen. Spinat gründlich waschen, abtropfen lassen und trocken schleudern. Die Frühlingszwiebeln putzen, abspülen, abtropfen lassen und in feine Scheiben schneiden. Die Cocktailtomaten abspülen, trocken tupfen, halbieren und die Stängelansätze herausschneiden.

3 Zitronensaft mit Salz und Pfeffer verrühren, Olivenöl unterschlagen.

4 Etwas von dem Olivenöl in einer Pfanne erhitzen. Den Teig portionsweise in die Pfanne geben und etwas flach drücken. Die Puffer bei mittlerer Hitze von beiden Seiten goldbraun braten, mit einem Pfannenwender herausnehmen und auf Küchenpapier abtropfen lassen.

5 Den Blattspinat mit den Frühlingszwiebelscheiben, den Tomatenhälften und dem Dressing vermischen. Die Kartoffel-Zucchini-Puffer mit dem Spinatsalat und dem Humus anrichten.

🥗 **4 PORTIONEN**　⏱ **30 Minuten**　🧑‍🍳 **E:** 12 g, **F:** 46 g, **Kh:** 42 g, **kJ:** 2673, **kcal:** 638, **BE:** 2,5

MOZZARELLAPFANNE

GRÜSSE AUS ITALIEN

4 große Kartoffeln
   (etwa 600 g)
1 Zwiebel
3 EL Olivenöl
Salz
gem. Pfeffer
einige Stängel frischer
   oder ½ TL gerebelter
   Thymian
etwa 350 g Zucchini
1 ½ abgetropfte Mozzarella–
   Kugeln (je Kugel etwa
   125 g) oder 200 g abge–
   tropfte Mini–Mozzarella–
   Kugeln
200 g Cocktailtomaten

TOTAL* ca.   **€ 1,30**

*pro Portion

1 Kartoffeln schälen, abspülen und abtropfen lassen. Die Kartoffeln in Scheiben oder Spalten schneiden.

2 Die Zwiebel abziehen, zuerst in Scheiben schneiden, dann in Ringe teilen.

3 Olivenöl in einer großen Pfanne erhitzen. Kartoffelscheiben oder -spalten mit den Zwiebelringen hinzugeben und unter häufigem Wenden anbraten. Mit Salz und Pfeffer würzen.

4 Thymianstängel abspülen und trocken tupfen. Die Blättchen von den Stängeln zupfen. Den Thymian und etwa 8 Esslöffel Wasser zu den Kartoffelscheiben oder -spalten in die Pfanne geben und zugedeckt etwa 10 Minuten bei mittlerer Hitze garen. Dabei die Kartoffelscheiben oder -spalten gelegentlich wenden, evtl. noch etwas Wasser hinzugießen.

5 Die Zucchini abspülen, abtrocknen und die Enden abschneiden. Die Zucchini in Scheiben schneiden.

6 Die Zucchinischeiben zu den Kartoffelscheiben oder -spalten in die Pfanne geben und weitere etwa 5 Minuten ohne Deckel unter Wenden braten.

7 Die Mozzarella-Kugeln in kleine Stücke schneiden oder die Mini-Mozzarella-Kugeln halbieren.

8 Tomaten abspülen, trocken tupfen, evtl. halbieren und die Stängelansätze herausschneiden.

9 Tomaten und Mozzarellastücke auf die Kartoffelscheiben oder -spalten in die Pfanne setzen. Den Deckel darauflegen.

10 Die Mozzarellapfanne noch etwa 3 Minuten auf der ausgeschalteten Kochstelle ziehen lassen. Nochmals mit Salz und Pfeffer abschmecken.

*TIPP: Wer es pikanter mag, statt Mozzarella 4 Scheiben <mark>kräftigen Ziegenkäse</mark> auf die Kartoffelscheiben oder -spalten setzen und erwärmen.

🥗 **2 – 3 PORTIONEN**   ⏱ **45 Minuten**, 18 Minuten Garzeit   🍲 **E:** 20 g, **F:** 28 g, **Kh:** 37 g, **kJ:** 2086, **kcal:** 498, **BE:** 2,5

GEBRATENER FETA
AUF BLATTSPINAT

WÜRZIG

20 g Pinienkerne
1 kg Blattspinat
1 Zwiebel
1 Knoblauchzehe
2 EL Speiseöl, z. B.
   Sonnenblumenöl
4 Tomaten
Salz
gem. Pfeffer
ger. Muskatnuss

400 g Fetakäse
1 Ei (Größe M)
3–4 EL Semmelbrösel
½–1 TL gerebelter Thymian
   oder klein geschnittene
   Thymianblättchen
3–4 EL Speiseöl, z. B.
   Sonnenblumenöl

TOTAL* ca.   **€ 1,15**

*pro Portion

1 Pinienkerne in einer Pfanne ohne Fett unter Rühren goldbraun rösten, herausnehmen, auf einen Teller geben und beiseitestellen.

2 Spinat verlesen, dabei die dicken Stiele entfernen. Spinat gründlich waschen und abtropfen lassen.

3 Zwiebel und Knoblauch abziehen, in kleine Würfel schneiden. Das Speiseöl in einem Topf erhitzen. Zwiebel- und Knoblauchwürfel darin unter Rühren in 2–3 Minuten goldgelb andünsten. Den Spinat hinzugeben und zugedeckt bei mittlerer Hitze etwa 5 Minuten garen, dabei gelegentlich umrühren.

4 In der Zwischenzeit Tomaten abspülen, trocken tupfen, halbieren und die Stängelansätze herausschneiden. Tomaten grob würfeln, zum Spinat geben und kurz miterwärmen. Gemüse mit Salz, Pfeffer und Muskat würzen.

5 Käse in etwa 2 cm dicke Streifen schneiden. Ei in einem tiefen Teller verschlagen. Für die Panade Semmelbrösel mit Thymian in einem zweiten Teller mischen. Käsestreifen zuerst durch das verschlagene Ei ziehen, am Tellerrand abstreifen und dann in der Panade wenden. Die Panade etwas andrücken.

6 Das Speiseöl in einer Pfanne erhitzen. Die Käsestreifen darin bei mittlerer Hitze von jeder Seite goldbraun braten.

7 Zum Servieren die beiseitegestellten Pinienkerne auf das Spinatgemüse streuen und die Käsestreifen darauf anrichten.

*TIPP: Dazu schmeckt Fladenbrot. Der Käse läuft beim Backen etwas auseinander, deshalb zum Wenden der Käsestreifen einen Pfannenwender benutzen.

🥗 **4 PORTIONEN**   ⏱ **30 Minuten**   🥛 **E:** 26 g, **F:** 42 g, **Kh:** 12 g, **kJ:** 2264, **kcal:** 540, **BE:** 0,5

KÜRBISGEMÜSE
MIT POLENTASCHNITTEN

EIN HAUCH ITALIEN – VEGAN

FÜR DIE POLENTASCHNITTEN:
500 ml Wasser
¼–½ gestr. TL Salz
½ EL Speiseöl, z. B.
   Olivenöl
125 g Polenta (Maisgrieß)
2–3 Stängel Majoran

FÜR DAS KÜRBISGEMÜSE:
1 Zwiebel
1 Knoblauchzehe
1 grüne Paprikaschote
1 mittelgroßer Hokkaido-
   Kürbis
4 Stängel Majoran
2 EL Speiseöl, z. B.
   Olivenöl
100 ml Gemüsebrühe
Salz
1–1½ EL weißer
   Balsamico-Essig

TOTAL* ca.   € 1,70

*pro Portion

1 Für die Polentaschnitten am Vortag Polenta nach Packungsanleitung zubereiten. Dafür Wasser mit Salz in einem kleinen, hohen Topf zugedeckt zum Kochen bringen. ½ Esslöffel Speiseöl mit der Polenta einrühren, zum Kochen bringen und zugedeckt bei schwacher Hitze etwa 2 Minuten kochen lassen. Den Topf von der Kochstelle nehmen. Die Polenta etwa 5 Minuten abkühlen und ausdünsten lassen.

2 In der Zwischenzeit den Majoran abspülen und trocken tupfen. Die Blättchen von den Stängeln zupfen. Eine rechteckige Form oder Aufschnittplatte (3–5 cm hoch, mindestens 400 ml Fassungsvermögen) mit kaltem Wasser ausspülen.

3 Die Majoranblättchen unter die gegarte Polenta rühren und evtl. mit Salz abschmecken. Polenta in die Form füllen, glatt streichen und mit Frischhaltefolie zudecken. Polenta über Nacht erkalten lassen.

4 Am nächsten Tag für das Kürbisgemüse Zwiebel und Knoblauch abziehen, beides klein würfeln. Paprikaschote halbieren, entstielen, entkernen und die weißen Scheidewände entfernen. Schote abspülen, abtropfen lassen und in mundgerechte Stücke schneiden.

5 Kürbis abspülen und abtropfen lassen. Kürbis vierteln und die Kerne mit einem Löffel herausschaben. Kürbisviertel zuerst in Spalten und dann in mundgerechte Stücke schneiden. Majoran abspülen und trocken tupfen. Von 2 Stängeln die Blättchen abzupfen und beiseitelegen.

6 Von dem Speiseöl 1 Esslöffel in einem möglichst breiten Topf erhitzen. Zwiebel- und Knoblauchwürfel darin andünsten. Paprika- und Kürbisstücke hinzufügen und 1–2 Minuten mitdünsten, dabei ab und zu umrühren.

7 Gemüsebrühe hinzugießen, Salz und restliche Majoranstängel hinzugeben. Die Zutaten zum Kochen bringen und zugedeckt bei mittlerer Hitze etwa 10 Minuten garen, bis der Kürbis leicht weich ist, dabei gelegentlich umrühren.

8 In der Zwischenzeit Frischhaltefolie von der Polenta entfernen. Polenta auf ein Brett stürzen und in längliche Stücke schneiden. Das restliche Speiseöl in einer großen Pfanne erhitzen. Die Polentastücke darin von beiden Seiten etwa 6 Minuten knusprig braten.

9 Die Majoranstängel aus dem Gemüse entfernen. Beiseitegelegte Majoranblättchen und 1 Esslöffel Essig unter das Kürbisgemüse rühren. Kürbisgemüse mit etwas Salz und Essig abschmecken. Polentaschnitten dazu servieren.

🥗 **2 PORTIONEN**   ⏱ **35 Minuten**, ohne Kühlzeit   🍲 **E:** 11 g, **F:** 14 g, **Kh:** 67 g, **kJ:** 1843, **kcal:** 441, **BE:** 5,5

ZITRONENKARTOFFELN
MIT PETERSILIE

750 g kleine, festkochende
Kartoffeln
1 Bio–Zitrone (unbehandelt,
ungewachst)

FÜR DIE MARINADE:
½ Bund glatte Petersilie
1 Knoblauchzehe
½ TL Fenchelsamen
125 ml Gemüsebrühe
6 EL Olivenöl
1–2 EL Sherryessig
Salz
gem. Pfeffer
1–2 TL brauner Zucker

TOTAL* ca.   € 0,70

*pro Portion

1 Kartoffeln gründlich waschen, in einem Topf knapp mit Wasser bedeckt zugedeckt zum Kochen bringen und in 20–25 Minuten gar kochen. Kartoffeln abgießen, mit kaltem Wasser abschrecken, abtropfen lassen und heiß pellen.

2 In der Zwischenzeit Zitrone heiß abwaschen, abtrocknen, längs halbieren und in dünne Spalten schneiden, dabei die Kerne entfernen.

3 Für die Marinade Petersilie abspülen und trocken tupfen. Die Blättchen von den Stängeln zupfen. Blättchen in schmale Streifen schneiden. Den Knoblauch abziehen und durch eine Knoblauchpresse drücken. Fenchel im Mörser zerdrücken.

4 Die Gemüsebrühe mit dem Olivenöl in einer großen Pfanne zum Kochen bringen. Die Pfanne von der Kochstelle nehmen. Essig, Petersilienstreifen, Knoblauch und Fenchel unterrühren. Die Kartoffeln und Zitronenspalten hinzugeben und etwa 2 Minuten bei mittlerer Hitze darin schwenken. Mit Salz, Pfeffer und Zucker würzen.

5 Zitronenkartoffeln in eine Schüssel geben und mindestens 2 Stunden durchziehen lassen. Zitronenkartoffeln mit Salz, Pfeffer und Zucker abschmecken.

*TIPP: Dazu passt z. B. gebratener <mark>Kräutertofu</mark> oder <mark>Schafskäse</mark>.

4 PORTIONEN **30 Minuten**, ohne Durchziehzeit **E:** 4 g, **F:** 15 g, **Kh:** 29 g, **kJ:** 1173, **kcal:** 281, **BE:** 2,5

ALLGÄUER KRAUTSPÄTZLE

WÜRZIGER SATTMACHER

250 g Weizenmehl
3 Eier (Größe M)
½ gestr. TL Salz
etwa 100 ml Wasser
   oder Milch
3 l Wasser
3 gestr. TL Salz
1 Zwiebel
50 g Butter
500 g Weinsauerkraut
125 ml Gemüsebrühe
gerebelter Majoran
Salz
gem. Pfeffer
2 EL Butter

TOTAL* ca.   € 0,65

*pro Portion

1 Mehl in eine Rührschüssel geben, in die Mitte eine Vertiefung eindrücken. Eier mit Salz und Wasser oder Milch verschlagen, etwas davon in die Vertiefung geben und von der Mitte aus mit einem Holzlöffel verrühren.

2 Nach und nach die verschlagenen Eier hinzugießen, den Teig so lange rühren, bis er eine zähe, dickflüssige Konsistenz hat und Blasen wirft.

3 Das Wasser in einem großen Topf zugedeckt zum Kochen bringen, dann Salz hinzugeben. Den Teig portionsweise mit einem Spätzlehobel oder durch eine Spätzlepresse in das kochende Salzwasser geben. Die Spätzle 3–5 Minuten garen (sie sind gar, wenn sie an der Oberfläche schwimmen).

4 Die Spätzle in ein Sieb geben, mit kaltem Wasser abschrecken und abtropfen lassen. Spätzle zugedeckt warm stellen.

5 Zwiebel abziehen und klein würfeln. Butter in einer großen Pfanne zerlassen. Die Zwiebelwürfel darin glasig dünsten. Das Sauerkraut locker zupfen und zu den Zwiebelwürfeln in die Pfanne geben. Gemüsebrühe hinzugießen. Das Sauerkraut 10–15 Minuten dünsten, mit Majoran, Salz und Pfeffer abschmecken.

6 Butter zerlassen. Spätzle mit dem Sauerkraut vermengen, zerlassene Butter draufträufeln.

BUNTES PAPRIKAGEMÜSE
MIT BUCHWEIZENGRÜTZE

RAFFINIERT

FÜR DAS PAPRIKAGEMÜSE:
500 g Paprikaschoten
(rot, grün, gelb)
2 Stangen Staudensellerie
(etwa 100 g)
1 Knoblauchzehe
1 Zwiebel (etwa 50 g)
2 Stängel Thymian
1 Stängel Rosmarin
3 EL Olivenöl
75 ml Gemüsebrühe

FÜR DIE BUCHWEIZENGRÜTZE:
370 ml Gemüsebrühe
1 EL Olivenöl
120 g Buchweizengrütze
5 Stängel glatte Petersilie
Salz

1 EL Tomatenmark
gem. Pfeffer
1 TL flüssiger Blütenhonig

TOTAL* ca. **€ 0,65**

*pro Portion

1 Für das Gemüse die Paprikaschoten der Länge nach vierteln, entstielen, entkernen und die weißen Scheidewände entfernen. Schotenviertel abspülen, trocken tupfen und der Länge nach in Streifen schneiden.

2 Staudensellerie putzen, abspülen, abtropfen lassen, zuerst in etwa 5 cm lange Stücke, dann längs in dünne Streifen schneiden. Knoblauch und Zwiebel abziehen. Zwiebel halbieren und längs in dünne Streifen schneiden, Knoblauch klein würfeln. Thymian und Rosmarin abspülen, trocken tupfen. Die Blättchen bzw. Nadeln von den Stängeln zupfen.

3 Olivenöl in einem Topf erhitzen. Zwiebelstreifen darin etwa 5 Minuten bei mittlerer Hitze andünsten. Knoblauch, Paprika-, Selleriestreifen, Thymian, Rosmarin und Brühe hinzugeben, zum Kochen bringen. Das Gemüse zugedeckt etwa 10 Minuten bei mittlerer Hitze dünsten.

4 Für die Grütze Brühe und Olivenöl in einem Topf zum Kochen bringen. Buchweizengrütze einstreuen und unter Rühren aufkochen. Grütze zugedeckt etwa 12 Minuten bei schwacher Hitze quellen lassen.

5 In der Zwischenzeit die Petersilie abspülen und trocken tupfen. Die Blättchen von den Stängeln zupfen (einige Blättchen zum Garnieren beiseitelegen). Die Blättchen grob zerschneiden und unter die Grütze rühren. Mit Salz abschmecken.

6 Tomatenmark zum Paprikagemüse geben und unter Rühren aufkochen. Das Gemüse mit Salz, Pfeffer und Honig abschmecken.

7 Das Paprikagemüse mit der Buchweizengrütze anrichten und mit den beiseitegelegten Petersilienblättchen garnieren.

🍲 **2 PORTIONEN**   ⏱ **40 Minuten**   🍱 **E:** 9 g, **F:** 22 g, **Kh:** 58 g, **kJ:** 1939, **kcal:** 463, **BE:** 4,5

LINGUINE
MIT KRÄUTER-TOFU-SAUCE

VEGAN

FÜR DIE SAUCE:
1 Zwiebel (etwa 50 g)
1 Knoblauchzehe
1 Möhre (etwa 150 g)
100 g Staudensellerie
2 EL Olivenöl
125 ml vegane Gemüsebrühe

FÜR DIE LINGUINE:
2 l Wasser
2 gestr. TL Salz
200 g Linguine (dünne
  Bandnudeln)

200 g Tofu mit Kräutern
100 ml Sojacuisine
einige Stängel glatte
  Petersilie oder Basilikum
Salz
gem. Pfeffer
gem. Koriander

TOTAL* ca.   **€ 1,90**

*pro Portion

1 Für die Sauce Zwiebel und Knoblauch abziehen, in kleine Würfel schneiden. Möhre putzen, schälen, abspülen, abtropfen lassen und klein würfeln. Staudensellerie putzen, abspülen, abtropfen lassen und in feine Scheiben schneiden.

2 Olivenöl in einem Topf erhitzen. Die Zwiebel- und Knoblauchwürfel darin kurz andünsten. Möhrenwürfel und Selleriescheiben hinzugeben und mitdünsten lassen. Brühe hinzugießen und zum Kochen bringen. Das Gemüse etwa 10 Minuten bei schwacher Hitze dünsten.

3 In der Zwischenzeit für die Linguine Wasser in einem großen Topf zugedeckt zum Kochen bringen. Dann Salz und Nudeln hinzugeben. Die Nudeln im geöffneten Topf bei mittlerer Hitze nach Packungsanleitung bissfest kochen, dabei gelegentlich umrühren.

4 Tofu in kleine Würfel schneiden. Tofu und Sojacuisine zum Gemüse geben und aufkochen lassen. Petersilie oder Basilikum abspülen und trocken tupfen. Die Blättchen von den Stängeln zupfen, Blättchen klein schneiden.

5 Die gegarten Nudeln in Sieb geben, mit heißem Wasser abspülen und abtropfen lassen.

6 Die Tofusauce mit Salz, Pfeffer und Koriander würzen. Die Sauce mit den Nudeln anrichten und mit Kräutern bestreut servieren.

🍲 **2 PORTIONEN**   ⏱ **20 Minuten**   🍽 **E:** 27 g, **F:** 30 g, **Kh:** 79 g, **kJ:** 3033, **kcal:** 725, **BE:** 6,5

HIRSEPFANNE
MIT SCHNITTLAUCHSAUCE

EINFACH ZUZUBEREITEN

2 Knoblauchzehen
2 grüne Pfefferschoten
4 EL Olivenöl
Currypulver
200 g Hirse
500 ml Gemüsebrühe
Salz
250 g Frühlingszwiebeln
250 g Möhren
250 g Zucchini

FÜR DIE SCHNITTLAUCHSAUCE:
150 g Joghurt (3,5% Fett)
250 g Schlagsahne
Salz
gem. Pfeffer
Knoblauchpulver
2 Bund Schnittlauch

TOTAL * ca.   **€ 1,45**

*pro Portion

1 Knoblauch abziehen und zerdrücken. Pfefferschoten halbieren, entstielen, entkernen und die weißen Scheidewände entfernen. Schoten abspülen, abtropfen lassen und quer in dünne Streifen schneiden.

2 Einen Esslöffel Olivenöl in einer großen Pfanne erhitzen. Knoblauch und Pfefferschotenstreifen darin andünsten. Curry unterrühren und leicht mitdünsten lassen.

3 Hirse unterrühren, Brühe hinzugießen und zum Kochen bringen, mit Salz würzen. Hirse zugedeckt etwa 20 Minuten bei mittlerer Hitze quellen lassen.

4 In der Zwischenzeit Frühlingszwiebeln putzen, abspülen, abtropfen lassen und in dünne Scheiben schneiden. Möhren putzen, schälen, abspülen, abtropfen lassen und würfeln. Zucchini abspülen, abtrocknen und die Enden abschneiden. Zucchini in Würfel schneiden.

5 Restliches Olivenöl in einer Pfanne erhitzen. Vorbereitetes Gemüse darin zugedeckt dünsten (Möhren etwa 10 Minuten, Frühlingszwiebeln und Zucchini 4–5 Minuten).

6 Das Gemüse locker unter die Hirsemasse heben, evtl. nochmals mit Salz würzen. Hirsepfanne etwa 2 Minuten ziehen lassen.

7 Für die Schnittlauchsauce Joghurt mit Sahne verrühren, mit Salz, Pfeffer und etwas Knoblauch würzen.

8 Schnittlauch abspülen, trocken tupfen, in feine Röllchen schneiden und unter die Sauce rühren.

9 Die Sauce getrennt zur Hirsepfanne servieren.

4 PORTIONEN   **40 Minuten**, ohne Quellzeit   **E:** 11 g, **F:** 34 g, **Kh:** 49 g, **kJ:** 2351, **kcal:** 561, **BE:** 3,5

FALAFEL
MIT RADIESCHENSALAT

SCHMECKT AUCH GÄSTEN

425 g abgetropfte Kicher-
erbsen (aus der Dose)
1 kleine Zwiebel
1 Knoblauchzehe
1 EL Speiseöl, z. B.
Sonnenblumenöl
Salz
1 TL gem. Kreuzkümmel (Cumin)
1 Ei (Größe S)
1 Msp. Cayennepfeffer
½ Bund Marokkanische Minze
oder ½ Bund glatte
Petersilie
2–3 EL Semmelbrösel
1 Bund Radieschen
2 EL Speiseöl, z. B.
Sonnenblumenöl

FÜR DEN ZITRONEN-
SCHMAND-DIP:
100 g Schmand (Sauerrahm)
1 Msp. gem. Kreuzkümmel
(Cumin)
1 Msp. Cayennepfeffer
½ Bio-Zitrone (unbehandelt,
ungewachst)
Zucker
1 EL Speiseöl, z. B.
Sonnenblumenöl

TOTAL* ca.   **€ 1,80**

*pro Portion

1 Die Kichererbsen in ein Sieb geben, mit kaltem Wasser abspülen und gut abtropfen lassen. Die Zwiebel abziehen und klein würfeln. Knoblauch abziehen und durch eine Knoblauchpresse drücken.

2 Speiseöl in einer Pfanne erhitzen. Zwiebelwürfel und Knoblauch darin andünsten, mit Salz und Kreuzkümmel würzen.

3 Kichererbsen und Ei in einen Rührbecher geben und fein pürieren. Die Masse mit Salz und Cayennepfeffer würzen. Zwiebel-Knoblauch-Masse unterziehen.

4 Kräuter abspülen und trocken tupfen. Die Blättchen von den Stängeln zupfen. Die Hälfte der Blättchen klein schneiden und mit den Semmelbröseln unter die Kichererbsenmasse mischen (die Masse soll trocken und formbar sein). Die Masse nochmals mit den Gewürzen abschmecken.

5 Radieschen putzen, abspülen, gut abtropfen lassen und auf einem Gemüsehobel in feine Scheiben hobeln. Die Scheiben mit ½ gestrichenen Teelöffel Salz bestreuen.

6 Speiseöl in einer Pfanne erhitzen. Aus der Falafelmasse mit angefeuchteten Händen 6–8 kleine, frikadellenartige Falafel formen. Diese in der Pfanne bei mittlerer Hitze in etwa 10 Minuten von allen Seiten goldgelb braten.

7 Für den Zitronen-Schmand-Dip Schmand mit Salz, Kreuzkümmel und Cayennepfeffer würzen. Zitrone heiß abwaschen, abtrocknen und die Schale abreiben. Von der Zitronenhälfte den Saft auspressen. Schmand mit Zitronenschale, -saft und 1 Prise Zucker abschmecken.

8 Die Radieschenscheiben mit Speiseöl und den restlichen Kräuterblättern vermengen, mit den Falafeln und dem Dip servieren.

SOMMERGEMÜSE
MIT SCHUPFNUDELN

30 g Sonnenblumenkerne
1 kleiner Spitzkohl
  (etwa 600 g)
4–5 Möhren (400–500 g)
300 g Zucchini
15 g Butter oder Margarine
1 TL Zucker
Salz
gem. Pfeffer
ger. Muskatnuss
1 EL Zitronensaft
500 g Schupfnudeln
  (aus dem Kühlregal)
150 g saure Sahne
  (10% Fett)
100 ml Wasser
2 gestr. EL heller
  Saucenbinder

TOTAL* ca.   **€ 1,05**

*pro Portion

1 Sonnenblumenkerne in einer Pfanne ohne Fett unter Rühren anrösten, herausnehmen und auf einen Teller legen.

2 Spitzkohl putzen, halbieren und den Strunk herausschneiden. Spitzkohl abspülen, gut abtropfen lassen und in fingerbreite Streifen schneiden. Möhren putzen, schälen, abspülen und abtropfen lassen. Zucchini abspülen, abtrocknen und die Enden abschneiden. Möhren und Zucchini in feine Stifte schneiden.

3 Jeweils etwas Butter oder Margarine in einer großen Pfanne zerlassen. Kohlstreifen, Möhren- und Zucchinistifte darin portionsweise unter Rühren andünsten. Gemüse mit Zucker, Salz, Pfeffer und Muskat würzen. Zitronensaft und etwa 4 Esslöffel Wasser hinzugeben und zum Kochen bringen. Das Gemüse zugedeckt etwa 5 Minuten bei schwacher Hitze garen, dabei gelegentlich umrühren.

4 Den Deckel abnehmen. Das Gemüse bei starker Hitze braten, bis die Flüssigkeit fast verdampft ist. Schupfnudeln hinzugeben und unter vorsichtigem Wenden anbraten. Saure Sahne mit Wasser und Saucenbinder verrühren, unter vorsichtigem Rühren unter die Gemüse-Schupfnudel-Mischung rühren und kurz aufkochen lassen.

5 Die Sommergemüse-Pfanne nochmals mit Salz, Pfeffer und Muskat abschmecken, mit Sonnenblumenkernen bestreut sofort servieren.

🥗 **4 PORTIONEN** ⏱ **30 Minuten** 🍲 **E:** 13 g, **F:** 13 g, **Kh:** 56 g, **kJ:** 1658, **kcal:** 393, **BE:** 4,0

ROH GEBRATENE SCHWARZWURZELN

MIT ROSENKOHL UND SESAM

VEGAN

2 Bio-Zitronen (unbehandelt,
  ungewachst)
1 l kaltes Wasser
600 g Schwarzwurzeln
300 g Rosenkohl
2 EL Olivenöl
Salz
gem. schwarzer Pfeffer
1 große Tomate
2 EL geröstete Sesamsamen
1 EL schwarzer Sesamsamen
  (erhältlich im Asialaden)

TOTAL* ca.   **€ 0,95**

*pro Portion

1 Die Zitronen heiß abwaschen, abtrocknen und die Schale abreiben. Zitronen halbieren und den Saft auspressen. Den Zitronensaft mit Wasser in einer Schüssel verrühren. Die Schwarzwurzeln unter fließendem kalten Wasser gründlich abbürsten, mit einem Sparschäler sorgfältig schälen (dabei am besten Einweghandschuhe tragen, um sich vor dem sehr klebrigen Saft zu schützen), abspülen und abtropfen lassen. Die Wurzeln in das Zitronenwasser legen, damit die Stangen weiß bleiben.

2 Von dem Rosenkohl die äußeren Blätter entfernen und etwas vom Strunk abschneiden. Röschen am Strunk kreuzförmig einschneiden, abspülen und gut abtropfen lassen. Rosenkohlröschen halbieren.

3 Die Schwarzwurzeln abspülen, abtropfen lassen und schräg in etwa 3 cm lange Stücke schneiden. Olivenöl in einer großen Pfanne erhitzen. Die Schwarzwurzelstücke darin etwa 10 Minuten unter mehrmaligem Wenden knackig braun braten. Mit Salz, Pfeffer und Zitronenschale würzen.

4 In der Zwischenzeit den Rosenkohl in kochendem Wasser 1–2 Minuten blanchieren, anschließend mit kaltem Wasser abschrecken und abtropfen lassen. Die Tomate abspülen, trocken tupfen, vierteln und den Stängelansatz herausschneiden. Tomate entkernen und in kleine Würfel schneiden.

5 Nach etwa 5 Minuten Bratzeit, wenn die Schwarzwurzeln anfangen, braun zu werden (sie sollen knackig sein), den Rosenkohl hinzugeben und etwa 5 Minuten mitbraten lassen. Das Gemüse nochmals mit Salz, Pfeffer und Zitronenschale abschmecken. Zuletzt den gerösteten und schwarzen Sesam mit den Tomatenwürfeln unterrühren. Das Gemüse anrichten und sofort servieren.

🍲 **4 PORTIONEN**   ⏱ **45 Minuten**, 10 Minuten Garzeit   👨‍🍳 **E:** 6 g, **F:** 12 g, **Kh:** 5 g, **kJ:** 634, **kcal:** 152, **BE:** 0,5

EIER-GEMÜSE-PFANNE

SCHNELL UND EINFACH

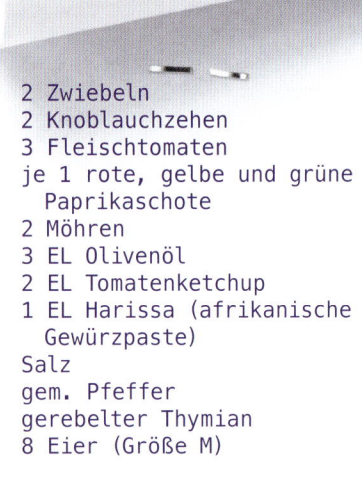

2 Zwiebeln
2 Knoblauchzehen
3 Fleischtomaten
je 1 rote, gelbe und grüne
  Paprikaschote
2 Möhren
3 EL Olivenöl
2 EL Tomatenketchup
1 EL Harissa (afrikanische
  Gewürzpaste)
Salz
gem. Pfeffer
gerebelter Thymian
8 Eier (Größe M)

TOTAL* ca.   **€ 1,70**

*pro Portion

1 Zwiebeln und Knoblauch abziehen, in kleine Würfel schneiden. Tomaten abspülen, abtropfen lassen, halbieren und die Stängelansätze herausschneiden. Die Tomatenhälften in grobe Würfel schneiden. Paprikaschoten halbieren, entstielen, entkernen und die weißen Scheidewände entfernen. Schoten abspülen, abtropfen lassen und klein würfeln. Die Möhren putzen, schälen, abspülen, abtropfen lassen und in Scheiben schneiden.

2 Das Olivenöl in einer großen Pfanne erhitzen. Knoblauch- und Zwiebelwürfel darin andünsten. Tomaten-, Paprikawürfel und Möhrenscheiben hinzugeben, zum Kochen bringen und etwa 15 Minuten bei mittlerer Hitze garen. Das Gemüse mit Ketchup, Harissa, Salz, Pfeffer und Thymian würzen.

3 Eier vorsichtig aufschlagen und auf das gegarte Gemüse setzen. Die Eier stocken lassen. Die Eier-Gemüse-Pfanne sofort servieren.

Tipp: Die Eier-Gemüse-Pfanne in 2 kleinen Pfannen zubereiten und je 4 Eier daraufsetzen.

*TIPP: Harissa-Paste erhalten Sie im Asialaden oder Supermarkt. Sie kann auch durch Chilisauce ersetzt werden.

🥗 **4 PORTIONEN**   ⏱ **25 Minuten**, 15 Minuten Garzeit   🍳 **E:** 17 g, **F:** 20 g, **Kh:** 19 g, **kJ:** 1416, **kcal:** 338, **BE:** 1,0

AUS DEM OFEN:

Riecht das wieder gut! Dampfende Gerichte frisch aus dem Ofen sind ein besonderer Genuss, denn sie nehmen durch die lange Garzeit Kräuter und Gewürze besonders gut auf. Und sie schmecken auch ohne Fleisch und Fisch wunderbar. Einfach mal gratinierte Möhren mit Quinoa und Schafskäse, Buchweizen-Gemüse-Auflauf oder Kartoffeltorte versuchen. Geht auch noch aufgewärmt am nächsten Tag.

ERST IN DIE RÖHRE UND DANN AUF DEN TELLER.

BÉCHAMEL-SAFRAN-EIER

DARAUF FREUEN SICH KINDER

1 kg TK–Blattspinat
2 Schalotten
1–2 Knoblauchzehen
1 EL Butter
Salz
gem. Pfeffer
1 Msp. Safran
250 ml Béchamelsauce
  (aus dem Tetrapak)
100 g ger. Emmentaler
4 Eier (Größe M)
1 EL Butter

TOTAL* ca.   **€ 1,70**

*pro Portion

1 TK-Spinat nach Packungsanleitung auftauen, anschließend in einem Sieb abtropfen lassen und evtl. noch etwas ausdrücken.

2 Schalotten und Knoblauch abziehen, in kleine Würfel schneiden. Die Butter in einem Topf zerlassen. Schalotten- und Knoblauchwürfel darin andünsten. Spinat hinzugeben und unter Rühren mitdünsten lassen. Den Spinat so lange dünsten, bis die Flüssigkeit fast verdampft ist. Spinat mit Salz und Pfeffer würzen.

3 Den Backofen vorheizen. Ober-/Unterhitze: etwa 200 °C Heißluft: etwa 180 °C

4 Den Safran unter die Béchamelsauce rühren. Den Spinat mit der Safran-Béchamel-Sauce und etwa der Hälfte des Käses in eine Auflaufform (gefettet) geben und vermischen.

5 Vier Mulden in die Spinat-Saucen-Mischung drücken und je 1 aufgeschlagenes Ei in die Mulden geben. Den restlichen Käse darauf verteilen. Butter in Flöckchen daraufsetzen. Die Form auf dem Rost in den vorgeheizten Backofen schieben. Die Béchamel-Safran-Eier etwa 20 Minuten garen.

6 Béchamel-Safran-Eier vor dem Servieren mit frisch gemahlenem Pfeffer bestreuen.

🥗 **4 PORTIONEN** ⏱ **30 Minuten**, ohne Auftauzeit, 20 Minuten Garzeit 🍽 **E:** 22 g, **F:** 37 g, **Kh:** 5 g, **kJ:** 1917, **kcal:** 459, **BE:** 0,5

BUCHWEIZEN-GEMÜSE-AUFLAUF

1–2 Stängel Rosmarin
4 Wacholderbeeren
1 Zwiebel (etwa 120 g)
2 Knoblauchzehen
1 Steckrübe (etwa 800 g)
3 EL Olivenöl
250 g Buchweizen
600 ml vegane Gemüsebrühe
1 Stange Porree (Lauch,
   etwa 300 g)
Salz
gem. Pfeffer
ger. Muskatnuss
175 g Räuchertofu
100 ml Hafer-, Dinkel- oder
   Sojacuisine

1–2 Stängel Rosmarin

TOTAL* ca.   € 1,40

*pro Portion

1 Rosmarin abspülen und trocken tupfen. Die Nadeln von den Stängeln zupfen. Wacholderbeeren im Mörser leicht zerdrücken. Zwiebel und Knoblauch abziehen. Zwiebel in kleine Würfel schneiden, Knoblauch und Rosmarin klein hacken. Die Steckrübe schälen, abspülen, abtropfen lassen und in etwa 1 ½ cm große Würfel schneiden.

2 Olivenöl in einem Topf erhitzen. Zwiebelwürfel, Knoblauch, Rosmarin und Wacholderbeeren darin andünsten. Dann Buchweizen und Steckrübenwürfel hinzugeben und mitdünsten lassen. Mit Brühe ablöschen, zum Kochen bringen und zugedeckt etwa 10 Minuten bei mittlerer Hitze kochen lassen.

3 In der Zwischenzeit Porree putzen, die Stange längs halbieren, gründlich waschen, abtropfen lassen und in etwa 2 cm breite Stücke schneiden. Porreestücke zu den Steckrübenwürfeln in den Topf geben und nochmals kurz aufkochen lassen. Mit Salz, Pfeffer und Muskat würzen.

4 Die Buchweizen-Gemüse-Masse in eine flache Auflaufform (etwa 2 ½-Liter-Inhalt) geben. Tofu in etwa 3 mm dicke Streifen schneiden und darauf verteilen. Mit Hafer-, Dinkel- oder Sojacuisine beträufeln. Die Form auf dem Rost in den vorgeheizten Backofen schieben. Den Auflauf etwa 25 Minuten überbacken.

5 Rosmarin abspülen und trocken tupfen. Die Stängel etwas kleiner zupfen. Buchweizen-Gemüse-Auflauf auf Tellern anrichten und mit Rosmarin garniert servieren.

*TIPP: Den fertigen Auflauf mit etwas <mark>Kürbiskernöl</mark> beträufeln.

4 PORTIONEN   **45 Minuten**, 25 Minuten Garzeit   **E:** 20 g, **F:** 19 g, **Kh:** 59 g, **kJ:** 2123, **kcal:** 508, **BE:** 5,0

GEFÜLLTE ROTE BETE
MIT GRÜNEN LINSEN UND SCHAFSKÄSE

SCHÖN UND LEICHT MIT PEP

ZUM VORBEREITEN:
100 g grüne Linsen

500 g gegarte Rote Bete
  (vakuumverpackt, aus dem
  Kühlregal)
1 kleine Möhre (etwa 60 g)
60 g Staudensellerie
1 rote Zwiebel
1 Knoblauchzehe
1 rote Chilischote
1 EL Olivenöl
Salz
gem. Pfeffer
2 EL Crème fraîche
2 EL Schnittlauchröllchen

2 EL Butter für die Form

60 g Schafskäse
100 ml Gemüsebrühe

TOTAL* ca.   **€ 2,15**

*pro Portion

1 Zum Vorbereiten Linsen nach Packungsanleitung zubereiten. Linsen in einem Sieb abtropfen und abkühlen lassen.

2 Von den Rote-Bete-Kugeln die Kappen abschneiden und die Böden evtl. gerade schneiden. Die Rote-Bete-Kugeln so mit einem Ausstecher aushöhlen, dass ein Rand stehen bleibt. Das ausgehöhlte Fruchtfleisch grob hacken.

3 Möhre putzen, schälen, abspülen, abtropfen lassen und sehr klein würfeln. Staudensellerie putzen, abspülen, abtropfen lassen und klein würfeln. Zwiebel und Knoblauch abziehen, ebenfalls in kleine Würfel schneiden. Chilischote abspülen, abtropfen lassen und entstielen. Schote in feine Ringe schneiden.

4 Den Backofen vorheizen.
Ober-/Unterhitze: etwa 200 °C
Heißluft: etwa 180 °C

5 Olivenöl in einem Topf erhitzen. Möhren-, Sellerie-, Zwiebel-, Knoblauchwürfel und Chiliringe darin andünsten. Die vorbereiteten Linsen hinzugeben. Mit Salz und Pfeffer würzen. Crème fraîche, Rote-Bete-Fruchtfleisch und die Schnittlauchröllchen unterrühren.

6 Die Linsen-Gemüse-Masse in den ausgehöhlten Rote-Bete-Kugeln verteilen und in eine ofenfeste Form (mit Butter gefettet) setzen. Schafskäse zerbröseln und daraufstreuen. Die Gemüsebrühe hinzugießen. Die Form auf dem Rost in den vorgeheizten Backofen schieben. Die gefüllte Rote Bete etwa 25 Minuten garen.

🍲 **2 PORTIONEN** ⏱ **25 Minuten**, 25 Minuten Garzeit 🍽 **E:** 22 g, **F:** 38 g, **Kh:** 51 g, **kJ:** 2679, **kcal:** 640, **BE:** 4,0

GEFÜLLTE ZWIEBELN
MIT BULGUR, HASELNÜSSEN UND PORTULAK

RAFFINIERT – FÜR GÄSTE

6 milde, weiße Zwiebeln
  (je etwa 150 g)
Salzwasser
50 g Bulgur
2 große Tomaten
½ Bund Petersilie
2 EL Rosinen
2 EL gehobelte
  Haselnusskerne
Salz
gem. Pfeffer
etwas Zitronesaft

2 EL Butter für die Form

200 ml Gemüsebrühe

200 g Portulak
200 g Cocktailtomaten
1 EL Himbeeressig
flüssiger Honig
1 EL Walnussöl
2 EL Sonnenblumenöl

TOTAL* ca.   **€ 2,30**

*pro Portion

1 Die Zwiebeln abziehen und in kochendem Salzwasser etwa 15 Minuten vorgaren. Zwiebeln vorsichtig mit einer Schaumkelle herausnehmen, in ein Sieb geben, mit kaltem Wasser abschrecken und abtropfen lassen. Zwiebeln waagerecht halbieren. Zwiebelhälften mit einem Ausstecher aushöhlen, dabei einen Rand stehen lassen. Das ausgehöhlte Zwiebelfleisch klein schneiden.

2 Bulgur in eine Schale geben, mit kochendem Wasser übergießen und etwa 10 Minuten quellen lassen. Anschließend Bulgur in einem Sieb abtropfen lassen.

3 Den Backofen vorheizen.
Ober-/Unterhitze: etwa 180 °C
Heißluft: etwa 160 °C

4 Die Tomaten abspülen, abtropfen lassen, vierteln und die Stängelansätze herausschneiden. Tomaten in kleine Würfel schneiden. Petersilie abspülen und trocken tupfen. Die Blättchen von den Stängeln zupfen, Blättchen in Streifen schneiden.

5 Bulgur mit dem klein geschnittenen Zwiebelfleisch, Tomatenwürfeln, Petersilienstreifen, Rosinen und Haselnusskernen vermischen. Mit Salz, Pfeffer und etwas Zitronensaft würzen. Die Bulgurmasse in den Zwiebelhälften verteilen.

6 Die gefüllten Zwiebeln in eine ofenfeste Form (mit Butter gefettet) setzen, Gemüsebrühe hinzugießen. Die Form auf dem Rost in den vorgeheizten Backofen schieben. Die gefüllten Zwiebeln etwa 30 Minuten garen.

7 In der Zwischenzeit Portulak putzen, abspülen, trocken tupfen oder trocken schleudern. Die Tomaten abspülen, trocken tupfen, halbieren und die Stängelansätze herausschneiden.

8 Himbeeressig mit Honig verrühren. Walnuss- und Sonnenblumenöl unterschlagen. Mit Salz und Pfeffer würzen. Portulak mit den Tomatenhälften und dem Dressing vermischen. Die gefüllten Zwiebeln mit dem Salat servieren.

BEILAGE: Ofenfrisches Baguette.

🍲 **4 PORTIONEN** ⏱ **50 Minuten**, ohne Quellzeit, 30 Minuten Garzeit 🍱 **E:** 7 g, **F:** 22 g, **Kh:** 28 g, **kJ:** 1428, **kcal:** 341, **BE:** 1,5

APFELGRATIN
MIT FENCHEL

MAL ETWAS ANDERS

300 g Kartoffeln
Salz
600 g Äpfel
Saft von 1 Zitrone
500 g Fenchelknollen
2 Zwiebeln
200 g Doppelrahm–Frischkäse
150 g Joghurt (3,5% Fett)
100 ml Milch (3,5% Fett)
gem. Pfeffer
ger. Muskatnuss
Zucker
40 g Rosinen
120 g ger., mittelalter
  Gouda
50 g ger. Parmesan
30 g Butter

TOTAL* ca. **€ 1,90**

*pro Portion

1 Die Kartoffeln schälen, abspülen, abtropfen lassen, in einem Topf knapp mit Wasser bedeckt zugedeckt zum Kochen bringen, Salz hinzugeben. Kartoffeln etwa 15 Minuten garen. Kartoffeln abgießen, in ein Sieb geben, mit kaltem Wasser abspülen und etwas abkühlen lassen. Die Kartoffeln in Scheiben schneiden.

2 Äpfel schälen, vierteln und entkernen. Die Apfelviertel in Spalten schneiden und mit Zitronensaft beträufeln.

3 Den Backofen vorheizen.
Ober-/Unterhitze: etwa 200 °C
Heißluft: etwa 180 °C

4 Fenchel putzen, abspülen, abtropfen lassen, halbieren und in Streifen schneiden.

5 Abwechselnd Kartoffelscheiben, Apfelspalten und Fenchelstreifen in eine Gratinform (gefettet) schichten. Zwiebeln abziehen, in kleine Würfel schneiden, mit Frischkäse, Joghurt und Milch verrühren. Mit Salz, Pfeffer, Muskat und Zucker würzen.

6 Die Frischkäse-Joghurt-Masse auf dem Gratin verteilen. Rosinen daraufgeben, mit Gouda und Parmesan bestreuen. Butter in Flöckchen daraufsetzen. Die Form auf dem Rost in den vorgeheizten Backofen schieben. Das Gratin etwa 35 Minuten garen.

🍲 **4 PORTIONEN** ⏱ **50 Minuten**, 35 Minuten Garzeit 🍲 **E:** 22 g, **F:** 43 g, **Kh:** 40 g, **kJ:** 2707, **kcal:** 647, **BE:** 3,0

FRENCH-TOAST-AUFLAUF

MACHT RICHTIG SATT

3 rote Paprikaschoten
(je etwa 250 g)
275 g Zucchini
1 Knoblauchzehe
2 EL Olivenöl
Salz
gem. Pfeffer
12 Scheiben Toastbrot
50 g Pesto Rosso (aus
getrockneten Tomaten)
200 g abgetropfter
Mozzarella
2 Eier (Größe M)
200 ml Milch (3,5% Fett)
75 g fein ger. Parmesan
1 Stängel Rosmarin

- - - - - - - - - - - - - - - - - -

TOTAL* ca.   **€ 1,75**

*pro Portion

1 Den Backofengrill vorheizen.

2 Paprikaschoten vierteln, entstielen, entkernen und die weißen Scheidewände entfernen. Schotenviertel abspülen, trocken tupfen und mit der Hautseite nach oben auf ein Backblech (gefettet) legen. Das Backblech unter den vorgeheizten Backofengrill schieben. Paprikaviertel 6–8 Minuten rösten. So lange rösten, bis die Haut dunkel wird und Blasen wirft.

3 Das Backblech auf einen Rost stellen. Paprikaviertel mit einem feuchten Geschirrtuch belegen und etwas abkühlen lassen. Paprikaviertel enthäuten.

4 Zucchini abspülen, abtrocknen und die Enden abschneiden. Zucchini in etwa 1 cm dicke Scheiben schneiden. Knoblauch abziehen und in dünne Scheiben schneiden.

5 Olivenöl in einer großen Pfanne erhitzen. Zucchini- und Knoblauchscheiben darin bei starker Hitze von beiden Seiten kurz anbraten. Mit Salz und Pfeffer würzen.

6 Die Toastbrotscheiben im Toaster von beiden Seiten goldbraun rösten oder unter dem vorgeheizten Backofengrill von beiden Seiten rösten.

7 Den Backofen vorheizen.
Ober-/Unterhitze: etwa 180 °C
Heißluft: etwa 160 °C

8 Die Toastbrotscheiben auf einer Seite mit Pesto bestreichen. Die Hälfte der Brotscheiben mit der bestrichenen Seite nach oben nebeneinander in eine rechteckige Auflaufform legen. Mit Paprikavierteln und Zucchinischeiben belegen.

9 Mozzarella etwas auseinanderzupfen und auf dem Gemüse verteilen. Die restlichen Brotscheiben mit der bestrichenen Seite nach unten darauflegen und etwas andrücken.

10 Eier mit Milch und Parmesan verschlagen, mit Salz und Pfeffer würzen. Die Eier-Parmesan-Milch auf dem Auflauf verteilen.

11 Rosmarin abspülen und trocken tupfen. Die Nadeln von dem Stängel zupfen. Den Auflauf mit Rosmarinnadeln bestreuen. Die Form auf dem Rost in den vorgeheizten Backofen (unteres Drittel) schieben. Den Auflauf 30–35 Minuten garen.

12 Die Form aus dem Backofen nehmen. Den Auflauf sofort servieren.

GRATINIERTE MÖHREN
MIT QUINOA UND SCHAFKÄSE

BUNT UND GESUND

170 g einfarbiges Quinoa
2 Schalotten (etwa 70 g)
200 g Staudensellerie
20 g getrocknete Tomaten
5 EL Olivenöl
500 ml Gemüsebrühe
1½ kg kleine Möhren
Salz
gem. Pfeffer
200 g Schafskäse

TOTAL* ca.   € 1,55

*pro Portion

1 Quinoa gründlich waschen und in einem Sieb abtropfen lassen. Schalotten abziehen, zuerst in Scheiben schneiden, dann in Ringe teilen.

2 Staudensellerie putzen und das Selleriegrün beiseitelegen. Selleriestangen abspülen, abtropfen lassen und in schmale Scheiben schneiden. Tomaten in schmale Streifen schneiden.

3 Zwei Esslöffel des Olivenöls in einem Topf erhitzen. Schalottenringe, Quinoa und Tomatenstreifen darin unter Rühren andünsten. 375 ml von der Brühe hinzugießen, zum Kochen bringen und zugedeckt etwa 12 Minuten bei mittlerer Hitze vorgaren. Selleriescheiben hinzugeben, etwa 5 Minuten mitgaren lassen.

4 In der Zwischenzeit Möhren putzen, schälen, dabei etwa 1 cm vom Grün stehen lassen. Möhren abspülen und abtropfen lassen. Dicke Möhren der Länge nach halbieren oder vierteln.

5 Zwei weitere Esslöffel des Olivenöls in einem großen, flachen Topf erhitzen. Möhren darin portionsweise andünsten. Restliche Brühe hinzugießen und zum Kochen bringen. Möhren zugedeckt etwa 12 Minuten bei mittlerer Hitze dünsten.

6 Den Backofen vorheizen.
Ober-/ Unterhitze: etwa 200 °C
Heißluft: etwa 180 °C

7 Quinoa-Gemüse mit Salz und Pfeffer würzen und in eine flache Auflaufform (etwa 2 ½-Liter-Inhalt) geben. Möhren darauf verteilen.

8 Schafskäse trocken tupfen, in kleine Stücke teilen und auf die Möhren legen. Mit restlichem Olivenöl beträufeln. Die Form auf dem Rost in den vorgeheizten Backofen schieben. Die Möhren mit Quinoa etwa 15 Minuten goldbraun überbacken.

9 Beiseitegelegtes Selleriegrün abspülen, trocken tupfen und klein zupfen. Die gratinierten Möhren mit dem Selleriegrün garnieren.

4 PORTIONEN   **45 Minuten**, 15 Minuten Überbackzeit   **E:** 19 g, **F:** 25 g, **Kh:** 41 g, **kJ:** 1943, **kcal:** 464, **BE:** 3,5

ZWIEBELTARTE

FÜR DEN TEIG:
100 g kalte Butter
250 g Weizenmehl
1 gestr. TL Salz
100 ml sehr kaltes Wasser
1 TL Weißweinessig

FÜR DEN BELAG:
700 g Gemüsezwiebeln
2 Knoblauchzehen
5 EL Olivenöl
1 TL Fenchelsamen
Salz
gem. schwarzer Pfeffer
175 ml trockener Weißwein
75 g Crème fraîche
50 g Schlagsahne
1 Ei (Größe L)
1 Eigelb (Größe L)
je 3 Stängel Thymian und
  Oregano
50 g schwarze Oliven mit
  Stein, z. B Kalamata
75 g Parmesan

AUSSERDEM:
10 g Butter für die Form

TOTAL* ca.   **€ 1,00**

*pro Portion

1 Für den Teig die kalte Butter in kleine Würfel schneiden. Mehl mit Salz in einer Rührschüssel mischen. Die Butterwürfel darauf verteilen. Kaltes Wasser mit Essig verrühren und in die Mitte des Mehls geben. Die Zutaten schnell mit den Händen zu einem Teig verkneten und zu einer Kugel formen. Die Kugel in Frischhaltefolie gewickelt etwa 30 Minuten in den Kühlschrank legen.

2 Für den Belag Zwiebeln und Knoblauch abziehen. Zwiebeln längs halbieren und in etwa ½ cm dicke Spalten schneiden. Knoblauch sehr klein schneiden. Olivenöl in einem weiten Topf erhitzen. Zwiebelspalten, Knoblauch und Fenchelsamen darin bei starker Hitze unter Rühren kräftig andünsten. Mit Salz und Pfeffer würzen. Mit Wein ablöschen und so lange einkochen lassen, bis fast keine Flüssigkeit mehr vorhanden ist. Dabei ab und zu umrühren.

3 Den Backofen vorheizen. Ober-/Unterhitze: etwa 200 °C Heißluft: etwa 180 °C

4 Den Teig auf einer bemehlten Arbeitsfläche zu einer runden Platte (Ø 31–32 cm) ausrollen, in eine Tarteform (Ø 28 cm, mit Butter gefettet) legen und leicht andrücken. Den Teigrand glatt abschneiden, den Teigboden mehrmals mit einer Gabel einstechen.

5 Die Form auf dem Rost in den vorgeheizten Backofen (unteres Drittel) schieben. Den Boden 15–18 Minuten vorbacken.

6 Die Form auf einen Kuchenrost stellen. Die Backofentemperatur auf Ober-Unterhitze: etwa 180 °C, Heißluft: etwa 160 °C herunterschalten.

7 Crème fraîche mit Sahne, Ei und Eigelb verrühren, mit etwas Salz würzen. Thymian und Oregano abspülen und trocken tupfen. Die Blättchen von den Stängeln zupfen. Blättchen klein schneiden und unter die Eiersahne rühren. Die Oliven vom Stein schneiden.

8 Die Zwiebelmasse mit den Oliven auf den vorgebackenen Boden geben. Die Eier-Kräuter-Sahne darauf verteilen. Parmesan grob raspeln und daraufstreuen.

9 Die Form wieder auf dem Rost in den heißen Backofen (unteres Drittel) schieben. Die Zwiebeltarte 18–20 Minuten backen.

10 Die Form auf einen Kuchenrost stellen. Die Tarte etwas abkühlen lassen und lauwarm servieren.

🥗 **8 große Stücke**   ⏱ **70 Minuten**, ohne Kühlzeit, 33 – 38 Minuten Backzeit
🍴 **E:** 9 g, **F:** 28 g, **Kh:** 29 g, **kJ:** 1771, **kcal:** 424, **BE:** 2,0

KÜRBIS MIT ZARTWEIZEN,
ÜBERBACKEN MIT FRISCHKÄSE

WÜRZIGER GAUMENSCHMAUS

125 g Zartweizen (vorgegar-
    ter Weizen)
1 l Gemüsebrühe
1 Zwiebel
etwa 650 g Kürbis,
    z. B. Hokkaido
1 EL Sonnenblumenöl
50–75 ml Gemüsebrühe (von
    dem Zartweizen)
2 EL Schnittlauchröllchen
etwa ½ TL abger. Bio-Zit-
    ronenschale (unbehandelt,
    ungewachst)
200 g körniger Frischkäse
Salz
gem. Pfeffer
ger. Muskatnuss
1–2 TL zerstoßene, rosa
    Pfefferbeeren

TOTAL ca.   **€ 1,45**

*pro Portion

1 Zartweizen nach Packungsanleitung mit der Gemüsebrühe zubereiten. Dann den Zartweizen in ein Sieb geben, dabei die Gemüsebrühe auffangen und 50–75 ml abmessen und beiseitestellen.

2 In der Zwischenzeit Zwiebel abziehen und klein würfeln. Kürbis abspülen, abtropfen lassen, halbieren, entkernen und die Innenfasern entfernen. Kürbis in Spalten schneiden und nach Belieben schälen. Etwa 400 g Kürbisfruchtfleisch in etwa 1 ½ cm große Würfel schneiden.

3 Den Backofen vorheizen. Ober-/Unterhitze: etwa 200 °C Heißluft: etwa 180 °C

4 Sonnenblumenöl in einem Topf erhitzen. Die Zwiebelwürfel darin andünsten. Kürbiswürfel hinzufügen und unter gelegentlichem Rühren etwa 2 Minuten mitdünsten lassen. Die beiseitegestellte Gemüsebrühe hinzugießen. Die Kürbiswürfel zugedeckt in etwa 8 Minuten bissfest dünsten, dabei sollte die Gemüsebrühe fast verdampft sein.

5 In der Zwischenzeit die Schnittlauchröllchen mit Zitronenschale und Frischkäse vermischen, mit Salz und Pfeffer würzen. Das Kürbisgemüse mit Salz und Muskat würzen. Den Zartweizen untermischen. Die Kürbis-Weizen-Mischung in einer Auflaufform (gefettet) verteilen.

6 Die Frischkäsemasse löffelweise daraufgeben und vorsichtig verstreichen. Rosa Pfefferbeeren daraufstreuen. Die Form auf dem Rost in den vorgeheizten Backofen (unteres Drittel) schieben. Das Kürbisgemüse etwa 20 Minuten überbacken.

7 Kürbis mit Zartweizen heiß servieren.

🍲 **2 PORTIONEN** ⏱ **25 Minuten**, 20 Minuten Überbackzeit 🍱 **E:** 25 g, **F:** 16 g, **Kh:** 60 g, **kJ:** 2083, **kcal:** 497, **BE:** 5,0

FARFALLE-GRATIN
MIT SPINAT

SCHMECKT AUCH KINDERN

450 g TK-Blattspinat
2 ½ l Wasser
2 ½ gestr. TL Salz
250 g Farfalle
  (Schmetterlingsnudeln)
3 Fleischtomaten
1 Knoblauchzehe
125 g abgetropfter
  Mozzarella
Salz
gem. Pfeffer
ger. Muskatnuss
200 g Schlagsahne
50 g ger. Käse, z. B. Gouda

TOTAL * ca.   **€ 1,10**

*pro Portion

1 TK-Blattspinat nach Packungsanleitung auftauen.

2 Das Wasser in einem Topf zugedeckt zum Kochen bringen. Salz und Nudeln hinzugeben.

3 Die Nudeln im geöffneten Topf bei mittlerer Hitze nach Packungsanleitung bissfest kochen, dabei gelegentlich umrühren.

4 Anschließend die Nudeln in ein Sieb geben, mit heißem Wasser abspülen und abtropfen lassen.

5 Den Backofen vorheizen. Ober-/Unterhitze: etwa 200 °C Heißluft: etwa 180 °C

6 Tomaten kreuzweise einschneiden und mit kochendem Wasser übergießen. Nach 1–2 Minuten herausnehmen und mit kaltem Wasser abschrecken.

7 Die Tomaten häuten, halbieren und die Stängelansätze herausschneiden. Tomatenhälften in Würfel schneiden. Knoblauch abziehen und durch eine Knoblauchpresse drücken. Mozzarella in kleine Würfel schneiden.

8 Spinat mit Nudeln, Tomatenwürfeln und Knoblauch vermengen und in eine große Gratinform (gefettet) oder in 4 kleine Gratinförmchen (gefettet) geben. Alles mit Salz, Pfeffer und Muskat würzen. Sahne darauf verteilen. Mit geriebenem Käse und Mozzarellawürfeln bestreuen.

9 Die Form oder Förmchen auf dem Rost in den vorgeheizten Backofen schieben. Gratin etwa 25 Minuten überbacken.

🥗 **2 PORTIONEN**   ⏱ **35 Minuten**, ohne Auftauzeit, 25 Minuten Überbackzeit
🍲 **E:** 22 g, **F:** 30 g, **Kh:** 50 g, **kJ:** 2418, **kcal:** 577, **BE:** 4,0

KARTOFFELTORTE
MIT OREGANO

BEGEISTERT GÄSTE

800 g festkochende
    Kartoffeln
1 Bund oder 6 Stängel
    Oregano
Salz
gem. Pfeffer
Knoblauchpulver
400 g Schlagsahne
6 Eier (Größe M)
100 g ger. Käse, z. B. Gouda
    oder fester Mozzarella

einige blühende Stängel
    Oregano

AUSSERDEM:
40 g Butter für die Form

TOTAL* ca.   **€ 1,35**

*pro Portion

1 Den Backofen vorheizen. Ober-/Unterhitze: etwa 200 °C Heißluft: etwa 180 °C

2 Kartoffeln schälen, abspülen, abtropfen lassen und in sehr dünne Scheiben schneiden oder hobeln. Oregano abspülen und trocken tupfen. Die Blättchen von den Stängeln zupfen. Blättchen klein schneiden.

3 Kartoffelscheiben mit Oregano bestreuen, mit Salz, Pfeffer und Knoblauch würzen. Sahne und Eier verschlagen, mit Salz, Pfeffer und Knoblauch würzen.

4 Eine Springformen (Ø 26 cm) so mit Alufolie auslegen, dass dabei ein etwa 7 cm hoher Rand entsteht. Die Alufolie an den Formrand drücken, sodass die Form dicht ist. Den Springformboden (Alufolie) mit Butter bestreichen.

5 Die Kartoffelscheiben in die Form schichten und die Eiersahne darauf verteilen, sodass die Kartoffelscheiben ganz bedeckt sind.

6 Die Form auf ein Backblech stellen und das Backblech in den vorgeheizten Backofen schieben. Die Kartoffeltorte etwa 60 Minuten garen.

7 Die Kartoffeltorte nach etwa 45 Minuten Garzeit mit Käse bestreuen und fertig garen.

8 Die Kartoffeltorte etwa 5 Minuten in der Form stehen lassen, dann aus der Form lösen und in Stücke schneiden.

9 Oreganostängel vorsichtig abspülen und trocken tupfen. Die Kartoffeltorte mit Oregano garniert sofort servieren.

🍲 **4 PORTIONEN** ⏱ **30 Minuten**, 60 Minuten Garzeit 🍴 **E:** 23 g, **F:** 48 g, **Kh:** 28 g, **kJ:** 2689, **kcal:** 642, **BE:** 2,5

SÜSSSPEISEN:
Ob warm oder kalt – manchmal muss es einfach noch was Süßes sein. Je nach Stimmung passt ein fruchtiges Tiramisu oder eine Dornröschencreme perfekt, manchmal ist auch ein rustikaler Kaiserschmarrn die ideale Abrundung der Mahlzeit. Auch wenn man gar keinen Hunger mehr hat, ist bei diesen süßen Versuchungen wirklich jeder Widerstand zwecklos.

- - - - - - - - - - - - - - -

LANGSAM AUF DER ZUNGE ZERGEHEN LASSEN.

APFELREIS

750 ml Wasser
50 g Zucker
1 Pck. Dr. Oetker Finesse
   Geriebene Zitronenschale
Salz
450 g Äpfel
1 TL Zitronensaft
150 g Milchreis
   (Rundkornreis)

einige Minzeblättchen zum
   Garnieren
1 EL Zimt-Zucker

TOTAL* ca.   € 0,55

*pro Portion

1 Wasser mit der Hälfte des Zuckers in einem Topf zum Kochen bringen, Zitronenschale und 1 Prise Salz hinzufügen.

2 Äpfel abspülen, abtropfen lassen, vierteln und entkernen. Ein Apfelviertel mit Zitronensaft beträufeln und zum Garnieren beiseitelegen.

3 Restliche Apfelviertel schälen, in Stücke schneiden und mit dem Reis ins kochende Wasser geben, unter Rühren wieder zum Kochen bringen. Den Reis zugedeckt nach Packungsanleitung bei schwacher Hitze quellen lassen. Apfelreis mit restlichem Zucker abschmecken.

4 Beiseitegelegtes Apfelviertel mit der Schale in dünne Scheiben schneiden.

5 Den Apfelreis mit Apfelscheiben und abgespülten, trocken getupften Minzeblättchen anrichten und mit Zimt-Zucker bestreuen.

🍲 **2 PORTIONEN**   ⏱ **30 Minuten**   🍱 **E:** 3 g, **F:** 1 g, **Kh:** 57 g, **kJ:** 1035, **kcal:** 247, **BE:** 4,5

ERDBEER-& HIMBEER-SORBET

ETWAS BESONDERES – LAKTOSEFREI

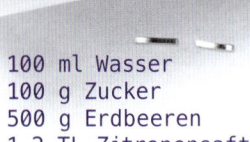

100 ml Wasser
100 g Zucker
500 g Erdbeeren
1–2 TL Zitronensaft

TOTAL* ca. **€ 0,60**

*pro Portion

1 Wasser und Zucker in einem Topf zum Kochen bringen. Den Topf von der Kochstelle nehmen. Den Zuckersirup abkühlen lassen.

2 Erdbeeren putzen, abspülen, abtropfen lassen, entstielen und in Stücke schneiden (ergibt 450 g). Erdbeerstücke und den abgekühlten Zuckersirup in einen hohen Rührbecher geben und mit dem Pürierstab pürieren. Erdbeerpüree mit Zitronensaft abschmecken.

3 Erdbeerpüree in eine flache, gefrierfeste Schale füllen und zugedeckt in den Gefrierschrank stellen. Erdbeerpüree etwa 3 Stunden gefrieren lassen. Dabei die Masse alle 30 Minuten umrühren.

4 Die gefrorene Sorbetmasse evtl. mit dem Pürierstab pürieren oder mit dem Mixer (Rührstäbe) kurz durchrühren.

VARIANTE:

Himbeer-Sorbet (laktosefrei, etwa 4 Portionen)
Dafür 100 ml Wasser und 100 g Zucker in einem Topf zum Kochen bringen. Den Topf von der Kochstelle nehmen. Den Zuckersirup abkühlen lassen. 450 g TK-Himbeeren antauen lassen. Himbeeren mit dem Zuckersirup in einen hohen Rührbecher geben und pürieren. Himbeerpüree durch ein Sieb streichen. Himbeerpüree in eine flache, gefrierfeste Schale füllen und zugedeckt in den Gefrierschrank stellen. Himbeerpüree etwa 2 ½ Stunden gefrieren lassen. Dabei die Masse alle 30 Minuten umrühren. Die gefrorene Sorbetmasse evtl. pürieren oder mit dem Mixer (Rührstäbe) kurz durchrühren. Oder das Himbeerpüree in einer vorbereiteten Eismaschine in etwa 30 Minuten gefrieren lassen. Anschließend in einen Spritzbeutel mit großer Sterntülle füllen. Die Masse in 4–6 Gläser spritzen und mit etwas Sekt oder trockenem Weißwein auffüllen.
Preis pro Portion: ca. 0,75 €

*TIPP: Das Sorbet zusätzlich mit etwas Orangenlikör oder rotem Portwein abschmecken.
Sie können das Erdbeerpüree auch in einer vorbereiteten Eismaschine in etwa 40 Minuten gefrieren lassen.

4 PORTIONEN   **15 Minuten**, 15 Minuten, ohne Abkühlzeit, Gefrierzeit: etwa 3 Stunden,
Gefrierzeit: Eismaschine etwa 40 Minuten   **E:** 1 g, **F:** 0 g, **Kh:** 31 g, **kJ:** 570, **kcal:** 136, **BE:** 2,5

FRUCHTIGES
TIRAMISU

MIT LIKÖR VERFEINERT

250 g Cantuccini
  (ital. Mandelgebäck)
75 ml starker Kaffee
  (Espresso oder Mokka)
350 g gut abgetropfte Mandarinen (aus Dosen)
75 ml Orangenlikör
20 g Puderzucker
250 g Joghurt (3,5% Fett)
250 g Vanillejoghurt
250 g Schlagsahne
  (mind. 30% Fett)
1½–2 EL Kakaopulver

TOTAL * ca.   **€ 1,15**

*pro Portion

1 Die Cantuccini in eine flache Auflaufform legen und mit dem kalten
Kaffee tränken.

2 Die Mandarinen auf den Cantuccini
verteilen, mit Likör beträufeln und
mit Puderzucker bestäuben. Die
Form in den Kühlschrank stellen.
Die Mandarinen 1–2 Stunden
durchziehen lassen.

3 Die beiden Joghurtsorten in einer
Schüssel verrühren. Die Sahne
steif schlagen und unterheben.
Joghurt-Sahne auf den Mandarinen
verteilen. Das Tiramisu zugedeckt
in den Kühlschrank stellen und 3–4
Stunden durchziehen lassen.

4 Vor dem Servieren das fruchtige
Tiramisu mit Kakao bestäuben.

TIRAMISU KLASSISCH

(6 Portionen): 500 g Mascarpone
(ital. Frischkäse) mit 150 ml Milch
(3,5 % Fett),
75 g Zucker, 1 Päckchen Dr. Oetker
Bourbon-Vanille-Zucker und 20 ml
Amaretto (Mandellikör) in einer
Schüssel glatt rühren. Weitere
20 ml Amaretto mit 250 ml kaltem
Espresso verrühren. Von etwa
200 g Löffelbiskuits die Hälfte in
eine flache Auflaufform legen, mit
der Hälfte der Espresso-Amaretto-
Mischung beträufeln und mit der
Hälfte der Mascarponemasse
bedecken. Die restlichen Zutaten
in gleicher Reihenfolge darauf-
schichten. Tiramisu zugedeckt in
den Kühlschrank stellen. Vor dem
Servieren dick mit 1 ½–2 Esslöffeln
Kakaopulver bestäuben.
Preis pro Portion: ca. 1,30 €

*TIPP: Steht das Tiramisu länger auf einem Büffet, zusätzlich 1 Päckchen Sahnesteif unter die Sahne rühren. Statt Cantuccini eignen sich Löffelbiskuits oder Amarettini (ital. Mandelmakronen). Statt Mandarinen aus der Dose 4–5 frische Orangen verwenden. Diese so schälen, dass die weiße Haut mit entfernt wird. Dann die Filets mit einem scharfen Messer herausschneiden.

6 PORTIONEN   **50 Minuten**, ohne Durchziehzeit   **E:** 9 g, **F:** 23 g, **Kh:** 59 g, **kJ:** 2167, **kcal:** 516, **BE:** 5,0

DORNRÖSCHENCREME

VEGAN – ERFRISCHEND

500 ml Reisdrink, natur,
  ungesüßt
40 g feiner Zucker
1 TL Agar Agar (5 g)
1 Msp. ger. Bio-Zitronen-
  schale (unbehandelt,
  ungewachst)
100 g gekühlte Kokoscreme
  zum Aufschlagen
150 g Himbeeren

TOTAL* ca.   **€ 1,20**

*pro Portion

1 Reisdrink, Zucker, Agar Agar und Zitronenschale in einem Topf verrühren und unter Rühren etwa 1 Minute kochen lassen. Reisdrink unter gelegentlichem Rühren abkühlen lassen. Die Kokoscreme nach Packungsanweisung aufschlagen und in den Kühlschrank stellen.

2 Himbeeren verlesen, evtl. kurz abspülen und trocken tupfen.

3 Sobald der Reisdrink anfängt zu gelieren, sofort und zügig die Kokoscreme unterheben. Die Himbeeren mit der Creme in Gläser schichten.

4 Die Creme bis zum Verzehr in den Kühlschrank stellen.

*TIPP: Die Dornröschencreme mit Himbeeren, Puderzucker und Keksröllchen garnieren. Kokoscreme zum Aufschlagen ist im Vegan- oder Bio-Laden erhältlich. Nicht-Veganer können auch die gleiche Menge Schlagsahne verwenden.

🍲 **4 PORTIONEN** ⏱ **20 Minuten**, ohne Kühlzeit 🍮 **E:** 1 g, **F:** 4 g, **Kh:** 27 g, **kJ:** 668, **kcal:** 159, **BE:** 2,5

KAISERSCHMARRN

4 Eier (Größe M)
100 g Weizenmehl
Salz
1 Pck. Dr. Oetker Vanillin-
    Zucker
200 g Schlagsahne oder
    200 ml Milch (3,5 % Fett)
50 g Rosinen
etwa 50 g Butterschmalz
    oder 4 EL Speiseöl, z. B.
    Sonnenblumenöl
Puderzucker

TOTAL* ca.   **€ 0,50**

*pro Portion

1 Eier trennen. Eiweiß steif schlagen. Eigelb mit Mehl, 1 Prise Salz, Vanillin-Zucker und Sahne oder Milch in eine Rührschüssel geben. Die Zutaten mit einem Mixer (Rührstäbe) zu einem glatten Teig verrühren. Eischnee und Rosinen unterheben.

2 Etwas Butterschmalz oder Speiseöl in einer Pfanne (Ø etwa 28 cm) erhitzen. Die Hälfte des Teiges hineingeben und bei mittlerer Hitze auf der Unterseite hellgelb backen.

3 Den an der Oberfläche noch etwas „flüssigen" Teig mit 2 Pfannenwendern zuerst vierteln, dann wenden und goldgelb backen, evtl. noch etwas Fett in die Pfanne geben.

4 Dann den Schmarrn mit 2 Pfannenwendern in kleine Stücke reißen, auf einem Teller anrichten und warm stellen. Den restlichen Teig auf die gleiche Weise zubereiten. Die Kaiserschmarrn mit Puderzucker bestäubt servieren.

REZEPTVARIANTE:

Für **Kaiserschmarrn mit Nuss-Nougat** würfeln Sie statt der Rosinen 100 g Nuss-Nougat und heben die Nuss-Nougat-Würfel zusammen mit 50 g gehackten Mandeln unter den Teig. Den Kaiserschmarrn wie im Rezept beschrieben zubereiten. Preis pro Portion: ca. 0,75 €

*TIPP: Den Kaiserschmarrn als süßes Hauptgericht für 2 oder als Dessert für 4 Personen servieren. Reichen Sie Pflaumen- oder Aprikosenkompott dazu. Sie können die Rosinen vor der Verwendung in 1–2 Esslöffeln erwärmten, braunen Rum geben und etwa 30 Minuten durchziehen lassen. Die Rosinen (mit dem Rum) wie im Rezept angegeben unter den Teig geben. Wenn Sie den Schmarrn im vorgeheizten Backofen bei Ober-/Unterhitze: etwa 200 °C etwa 8 Minuten backen, dann geht er schön auf.

🥗 **2 PORTIONEN** ⏱ **30 Minuten** 🍲 **E:** 22 g, **F:** 52 g, **Kh:** 70 g, **kJ:** 3574, **kcal:** 854, **BE:** 6,0

SÜSSER COUSCOUS

FRUCHTIG

750 g Sauerkirschen
750 ml Apfelsaft
½ Pck. Dr. Oetker Pudding-
   Pulver Vanille-Geschmack
2–4 EL Zucker
¼ Stange Zimt
175 ml Wasser
1 Pck. Dr. Oetker
   Vanillin-Zucker
200 g Couscous (Instant)
2–3 EL Butter oder
   Margarine
evtl. 1–2 EL Mandelsirup
einige frische
   Minzeblättchen

TOTAL* ca.   **€ 1,05**

*pro Portion

1 Die Kirschen abspülen, abtropfen lassen, entstielen und entsteinen. 375 ml Apfelsaft abmessen. Pudding-Pulver mit etwa 4 Esslöffeln des abgemessenen Saftes anrühren. 1–2 Esslöffel Zucker in einem kleinen Topf bei schwacher bis mittlerer Hitze goldgelb karamellisieren. Den restlichen, abgemessenen Apfelsaft hinzugießen und den Karamell loskochen. Angerührtes Pudding-Pulver einrühren und unter Rühren kurz aufkochen lassen.

2 Kirschen und Zimtstange zu der Puddingmasse geben, kurz aufkochen lassen. Karamellkirschen erkalten lassen. Zimtstange entfernen.

3 Den restlichen Apfelsaft, Wasser und Vanillin-Zucker in einem Topf zum Kochen bringen. Couscous unter Rühren einstreuen und auf der ausgeschalteten Kochstelle unter gelegentlichem Rühren 8–10 Minuten ausquellen lassen. Den Topf von der Kochstelle nehmen. Couscous abkühlen lassen.

4 Die Butter oder Margarine in einer Pfanne zerlassen. Den restlichen Zucker und Couscous hinzugeben, etwa 3 Minuten unter Rühren knusprig braten.

5 Couscous mit Karamellkirschen nach Belieben in Gläsern anrichten, evtl. mit Mandelsirup beträufeln und mit abgespülten, trocken getupften Minzeblättchen garnieren.

BROTAUFSTRICHE:
Es geht auch ohne Schinken und Wurst. Leckere fleischlose Alternativen wie Pflaumen-Birnen-Aufstrich, Schafskäsetatar oder Auberginenpüree mit Ricotta bringen neue Geschmackserlebnisse und lassen sich mit vielen Brotsorten immer wieder anders kombinieren. Die Zubereitung von vegetarischen und veganen Aufstrichen ist so einfach. Und da weiß man ganz genau, was aufs Brot kommt.

ANSTÄNDIG AUFSTREICHEN UND KRÄFTIG ZUBEISSEN.

PFLAUMEN-BIRNEN-AUFSTRICH

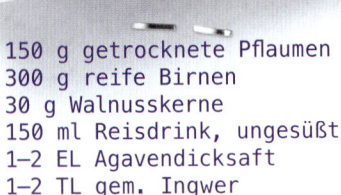

150 g getrocknete Pflaumen
300 g reife Birnen
30 g Walnusskerne
150 ml Reisdrink, ungesüßt
1–2 EL Agavendicksaft
1–2 TL gem. Ingwer

TOTAL* ca.   **€ 0,84**

*je 100 g

1 Pflaumen in kleine Würfel schneiden. Die Birnen schälen, abspülen, abtropfen lassen und auf einer Haushaltsreibe raspeln. Walnusskerne hacken.

2 Reisdrink, Pflaumenwürfel und Birnenraspel in einem Topf verrühren und zum Kochen bringen. Die Zutaten zugedeckt bei schwacher Hitze etwa 10 Minuten unter gelegentlichem Rühren kochen lassen.

3 Die Fruchtmasse pürieren und nochmals kurz unter Rühren aufkochen. Mit Dicksaft und Ingwer würzen. Den Aufstrich in 2 vorbereitete Gläser füllen. Die Gläser mit Twist-off-Deckeln® verschließen, abkühlen lassen und in den Kühlschrank stellen. (Haltbarkeit: im Kühlschrank etwa 10 Tage).

BROTEMPFEHLUNG:

Vollkornbrot oder -toast oder Brötchen.

*TIPP: Der Aufstrich lässt sich gut mit frischem Obst oder Joghurt kombinieren.

450 g, 2 Gläser   **25 Minuten**   E: 10 g, F: 25 g, **Kh:** 142 g, **kJ:** 3819, **kcal:** 912, **BE:** 12,0

SCHAFSKÄSETATAR

RAFFINIERT FÜR EIN PARTY-BÜFFET

200 g Schafskäse
1 rote Zwiebel
1 Knoblauchzehe
50 g schwarze Oliven,
  trocken eingelegt
1 Bund glatte Petersilie
3 EL Olivenöl
gem. Pfeffer

- - - - - - - - - - - - - - -

TOTAL* ca.   **€ 1,15**

*je 100 g

1 Schafskäse in kleine Würfel schneiden. Zwiebel und Knoblauch abziehen, klein würfeln.

2 Oliven entsteinen und in Stücke schneiden. Petersilie abspülen und trocken tupfen. Die Blättchen von den Stängeln zupfen. Blättchen klein schneiden.

3 Schafskäse-, Zwiebel- und Knoblauchwürfel mit dem Olivenöl verrühren, dabei den Schafskäse mit einer Gabel fein zerdrücken. Olivenstücke und Petersilie unterheben. Schafskäsetatar mit Pfeffer abschmecken.

4 Schafskäsetatar in 2 vorbereitete Gläser füllen. Gläser mit Twist-off-Deckeln® fest verschließen und in den Kühlschrank stellen (Haltbarkeit: im Kühlschrank etwa 4 Tage).

BROTEMPFEHLUNG:

Oliven-Ciabatta oder frisches Fladenbrot.

*TIPP: Füllen Sie grüne Spitzpaprika mit dem Schafskäsetatar.

🥗 **300 g**　⏱ **20 Minuten**　🍲 **E:** 33 g, **F:** 87 g, **Kh:** 8 g, **kJ:** 3992, **kcal:** 953, **BE:** 0,5

KARTOFFELAUFSTRICH

DAUERT ETWAS LÄNGER

1 Kartoffeln schälen, abspülen, abtropfen lassen, in einem Topf knapp mit Wasser bedeckt, zugedeckt zum Kochen bringen, Salz hinzufügen. Kartoffeln etwa 20 Minuten garen, dann abgießen. Kartoffeln grob zerstampfen und erkalten lassen.

2 Zwiebel abziehen und klein würfeln. Leinöl mit Crème fraîche verrühren und mit den Zwiebelwürfeln unter die zerstampften Kartoffeln geben.

3 Petersilie und Schnittlauch abspülen, trocken tupfen. Die Blättchen von den Petersilienstängeln zupfen, Blättchen klein schneiden. Schnittlauch in feine Röllchen schneiden. Die Kräuter unter den Kartoffelaufstrich rühren.

4 Den Kartoffelaufstrich mit Salz und Pfeffer abschmecken, in ein vorbereitetes, verschließbares Gefäß füllen und in den Kühlschrank stellen (Haltbarkeit: im Kühlschrank etwa 5 Tage).

BROTEMPFEHLUNG:

Roggenmischbrot, Kasseler Brot oder Doppelbackbrot.

300 g mehligkochende
  Kartoffeln
1 gestr. TL Salz
1 Zwiebel
2 EL Leinöl
150 g Crème fraîche
1 Bund Petersilie
1 Bund Schnittlauch
gem. Pfeffer

TOTAL* ca.   **€ 0,70**

*je 100 g

CHAMPIGNON-KRÄUTER-AUFSTRICH

(im Foto rechts, etwa 750 g)
400 g Champignons putzen, evtl. kurz abspülen, trocken tupfen und in kleine Würfel schneiden. 1 Zwiebel abziehen, klein würfeln. 60 g abgetropfte, getrocknete Tomaten, in Öl eingelegt, in kleine Stücke schneiden. 3 Esslöffel Olivenöl in einer Pfanne erhitzen. Die Zwiebelwürfel darin anbraten. Champignonwürfel hinzufügen, unter Rühren etwa 10 Minuten braten, Tomatenstücke unterrühren. Die Champignonmasse mit Salz und Pfeffer würzen, erkalten lassen. Je 1–2 Stängel Thymian und Rosmarin abspülen und trocken tupfen. Die Blättchen bzw. Nadeln von den Stängeln zupfen und klein schneiden. 100 g Magerquark mit 50 g Joghurt (3,5 % Fett) verrühren. 100 g Schafskäse fein zerbröseln, zur Champignonmasse geben, pürieren und anschließend unter die Quark-Joghurt-Masse rühren. Kräuter unterrühren. Den Aufstrich mit Salz und Pfeffer würzen, in 1–2 vorbereitete, verschließbare Gefäße füllen und in den Kühlschrank stellen (Haltbarkeit im Kühlschrank etwa 5 Tage).
Preis je 100 g: ca. € 0,55

🥗 **450 g** ⏱ **30 Minuten**, ohne Abkühlzeit 🍽 **E:** 11 g, **F:** 66 g, **Kh:** 45 g, **kJ:** 3400, **kcal:** 818, **BE:** 3,5

PIKANTER KÄSE-ZWIEBEL-AUFSTRICH (IM FOTO LINKS)

EINFACH – SCHNELL ZUZUBEREITEN

200 g mittelalter Gouda
300 g Kernhem–Käse oder
  Emmentaler
1 rote Zwiebel
1 Knoblauchzehe
3 EL Delikatessmayonnaise
5 EL Schmand (Sauerrahm)
  oder Joghurt
gem. Pfeffer
gem. Kümmel

TOTAL* ca.   € 0,55

*je 100 g

1 Käse entrinden. Gouda grob reiben, Kernhem oder Emmentaler in ganz kleine Würfel schneiden. Zwiebel abziehen und klein würfeln.

2 Knoblauch abziehen und durch eine Knoblauchpresse drücken. Mayonnaise mit Schmand oder Joghurt verrühren. Knoblauch, Käse- und Zwiebelwürfel hinzugeben. Zutaten mit einer Gabel gut vermengen.

3 Den Aufstrich mit Pfeffer und Kümmel pikant abschmecken und in 1–2 vorbereitete, verschließbare Gefäße füllen und in den Kühlschrank stellen (Haltbarkeit: im Kühlschrank 2–3 Tage).

BROTEMPFEHLUNG:
Roggen- oder Knäckebrot.

KÄSE-KONFETTI-AUFSTRICH

(im Foto rechts, etwa 700 g)
250 g Maasdamer oder mittelalten Gouda entrinden und grob reiben oder ganz klein würfeln. Je ½ rote, grüne und gelbe Paprikaschote entstielen, entkernen und die weißen Scheidewände entfernen. Schotenhälften abspülen, abtropfen lassen und in kleine Würfel schneiden. ¼ Bund glatte Petersilie abspülen und trocken tupfen. Die Blättchen von den Stängeln zupfen. Blättchen klein schneiden. 250 g Butter (zimmerwarm) schaumig rühren. Nach und nach Käse, Paprikawürfel und Petersilie untermischen, mit 1 Prise Salz und Pfeffer würzen. Den Aufstrich in 1–2 vorbereitete, verschließbare Gefäße füllen und in den Kühlschrank stellen (Haltbarkeit: im Kühlschrank etwa 3 Tage). Preis je 100 g ca. € 0,55

BROTEMPFEHLUNG:
Walnuss- oder Haselnussbrot.

🥣 **700 g**   ⏱ **10 Minuten**, ohne Abkühlzeit   🍳 **E:** 125 g, **F:** 236 g, **Kh:** 9 g, **kJ:** 11110, **kcal:** 2653, **BE:** 0,5

AUBERGINENPÜREE
MIT RICOTTA (IM FOTO RECHTS)

ETWAS MEHR AUFWAND

2 Auberginen (etwa 450 g)
3 Knoblauchzehen
etwa 50 g schwarze Oliven
  ohne Stein
Saft von ½ Zitrone
1 Msp. gem. Kreuzkümmel
  (Cumin) oder Koriander
2 EL Sesampaste
200 g Ricotta
  (ital. Frischkäse)
2 TL klein geschnittene
  Petersilie
Salz
gem. Pfeffer
Zucker

TOTAL* ca.   € 0,75

*je 100 g

1 Den Backofen vorheizen.
Ober-/Unterhitze: etwa 140 °C
Heißluft: etwa 120 °C

2 Auberginen abspülen, abtrocknen und die Stängelansätze entfernen. Auberginen längs halbieren, jeweils mit der Schnittfläche nach unten auf ein Backblech (mit Alufolie belegt, gefettet) legen. Das Backblech in den vorgeheizten Backofen schieben. Die Auberginenhälften etwa 60 Minuten garen.

3 Das Backblech auf einen Rost stellen. Auberginenhälften erkalten lassen.

4 Knoblauch abziehen und durch eine Knoblauchpresse drücken. Oliven grob hacken. Das Auberginenfruchtfleisch mit einem Esslöffel aus den Schalen lösen, mit Knoblauch, Zitronensaft, Kreuzkümmel oder Koriander und Sesampaste in einem hohen Rührbecher pürieren.

5 Auberginenpüree mit Ricotta, Oliven und Petersilie gut verrühren, mit Salz, Pfeffer und 1 Prise Zucker abschmecken. Aufstrich in 1–2 vorbereitete, verschließbare Gefäße füllen und in den Kühlschrank stellen (Haltbarkeit: im Kühlschrank 2–3 Tage).

RATATOUILLE-BASILIKUM-AUFSTRICH

(im Foto links, etwa 400 g)
Je 1 kleine Aubergine und Zucchini abtrocknen, Stängelansatz bzw. Enden entfernen. Aubergine und Zucchini in erbsengroße Würfel schneiden. Eine gelbe Paprikaschote halbieren, entstielen, entkernen, weiße Scheidewände entfernen. Paprikaschote und 1 Tomate abspülen, abtropfen lassen. Tomate vierteln, entkernen, Stängelansatz herausschneiden. Paprikaschote und Tomate in erbsengroße Würfel schneiden. 1 kleine Zwiebel und 1 Knoblauchzehe abziehen, sehr klein würfeln. 3 Esslöffel Olivenöl in einer Pfanne erhitzen. Zwiebel- und Knoblauchwürfel darin kurz andünsten, dann vorbereitete Gemüsewürfel hinzufügen. Gemüse etwa 10 Minuten unter gelegentlichem Rühren braten, mit Salz, Pfeffer, 1 Prise Zucker und 1 Messerspitze Sambal Oelek abschmecken, 1 Esslöffel grob geschnittene Basilikumblättchen unterrühren, erkalten lassen. Den Aufstrich in ein vorbereitetes, verschließbares Gefäß füllen und in den Kühlschrank stellen (Haltbarkeit: im Kühlschrank etwa 2 Tage).
Preis je 100 g ca. € 0,90

BROTEMPFEHLUNG:
Geröstete Baguettescheiben, Fladen- oder Nussbrot.

BROTEMPFEHLUNG:
Fladenbrot oder Crostini.

*TIPP: Statt Ricotta kann auch Crème fraîche verwendet werden.

450 g 🕐 **15–20 Minuten**, ohne Abkühlzeit, **Garzeit:** 60 Minuten **E:** 33 g, **F:** 77 g, **Kh:** 27 g, **kJ:** 3951, **kcal:** 944, **BE:** 1,0

Immer mehr Vegetarier

Vegetarische Ernährung liegt zunehmend im Trend – über sechs Millionen Verbraucher haben sich schon dafür entschieden. Sie ist nicht zu verwechseln mit der Vollwerternährung. Wer sich vegetarisch ernährt, verzichtet bewusst auf Fleisch, Geflügel, Fisch sowie Wurstwaren inklusive Rinder- und Hühnerbrühe. Vermieden werden auch sogenannte Zusatzstoffe und Aromen auf tierischer Basis wie Schlachtfette (die zum Teil Lebensmitteln zugesetzt werden) oder Gelatine. Die Argumente für vegetarisches Essen sind verschieden. Für einige ist der Gesundheitsaspekt sehr wichtig, andere lehnen aus religiösen oder Umweltgründen tierische Produkte ab.

Ist fleischlos essen gesünder?

Die neuesten Untersuchungen zeigen, dass Vegetarier häufig älter werden als der Durchschnitts-Normalbürger. Studien belegen, dass durch vegetarische Ernährung folgende Werte verändert werden:

* **Harnsäurewert**
  geringeres Gichtrisiko
* **Cholesterinwerte**
  geringeres Risiko für Herzkrankheiten
* **Blutdruck**
  geringeres Schlaganfallrisiko
* **Körpergewicht**
  besserer Allgemeinzustand
* **Widerstandskraft** gegen Krankheiten nimmt zu
  Vegetarier werden seltener krank

Prinzipiell ist eine vegetarische Kost damit bedenkenlos möglich. Diese Tatsache beruht auch darauf, dass sich die meisten Vegetarier mehr Gedanken um ihre gesunde Ernährung machen. Durch ihre fleischfreie Ernährung essen sie gleichzeitig weniger Fett und Eiweiß (Protein). Das schützt vor den sogenannten Zivilisationskrankheiten wie Diabetes, Gicht oder Fettstoffwechselstörungen.

Auf die Mischung kommt es an!

Wichtig ist immer ein abwechslungsreicher Speiseplan, dann kann man sich – auch ohne Fleisch – gesund und preiswert ernähren. Dazu sollte man auf die richtige Kombination verschiedener Proteinträger achten, damit das pflanzliche Eiweiß besser ausgenutzt werden kann. Die vegetarische Ernährung beruht auf unterschiedlichen Nahrungsmittelgruppen, die möglichst täglich in abwechslungsreicher Zusammenstellung verzehrt werden sollten:

Kohlenhydrate machen satt und fit

Getreideprodukte wie Bulgur, Couscous, Dinkel oder Weizen, Hafer, Hirse und Kartoffeln machen angenehm satt. (Vollkorn-)Reis, (Vollkorn-)Nudeln und Hülsenfrüchte (wie Erbsen, Linsen) enthalten auch viele sättigende Kohlenhydrate, die gleichzeitig den Körper mit Energie versorgen. Tipp: Wird Getreide mit Hülsenfrüchten kombiniert, so kann man die biologische Wertigkeit erhöhen.

Klare Regel: Fünf am Tag!

Empfehlenswert sind zwei Händevoll Obst und drei Gemüseportionen am Tag (insgesamt etwa 600 g) – roh oder gekocht. In den bunten Lebensmitteln stecken viele Vitamine, Mineralstoffe, sekundäre Pflanzenstoffe und Ballaststoffe. Besonders die Gruppe der Ballaststoffe (stecken auch in Getreide, (Vollkorn-)Reis & Co) macht satt, ist hilfreich für die Verdauung, reguliert den Blutzucker und senkt den Cholesterinspiegel.

Vorteile von Milch und Milchprodukten

Sie bieten neben Eiweiß und Kalzium vor allen die fettlöslichen Vitamine A, D, E und K. Allerdings: Je fettreicher die Milch oder die Milchprodukte sind, desto mehr Fett und Cholesterin enthalten sie. Deshalb evtl. fettarmen Produkten den Vorzug geben.

Sinnvoll: Hülsenfrüchte (und eventuell ein Ei)

Eiweiß ist notwendig zum Erhalt der körpereigenen Proteine, zum Muskelaufbau, der Immunabwehr und der täglichen Energiezufuhr. Der Eiweißbedarf liegt beim Richtwert in Höhe von 0,8 g Eiweiß/ kg Körpergewicht – eine Menge, die mit vegetarischer Ernährung problemlos erreichbar ist. Hülsenfrüchte und Eier liefern dafür hochwertiges Eiweiß.

Wichtig: Pflanzenöle und -fette

Aus ernährungsphysiologischer Sicht sind pflanzliche Fette und Öle gesünder als tierische, weil sie wertvolle einfach und mehrfach ungesättigte Fettsäuren enthalten, die sich u.a. positiv auf den Cholesterinspiegel auswirken. Unser Körper benötigt lebensnotwenige Fettsäuren, die er selbst nicht produzieren kann. Deshalb ist es wichtig, dass Fett zugeführt wird. Leinöl und Hanföl sind beispielsweise ideale Lieferanten für die hochwertigen und für die Gesundheit unverzichtbaren Omega-3-Fettsäuren. Allerdings liefert Fett viele Kalorien. Deshalb sparsam einsetzen (nicht mehr als 60–80 g pro Tag).

Besser Kräuter statt Salz

Wie bei der vollwertigen Ernährung sollte auch bei der vegetarischen Ernährung Salz immer nur sparsam eingesetzt werden (maximal 5 g/Tag), da kleine Salzmengen vielen Produkten zugesetzt wird. In der vegetarischen Ernährung wird viel Wert auf Kräuter gelegt – diese ersetzen auf natürliche Weise das Salz. Je nach Kraut enthalten sie mehr oder weniger Harze, Bitter-, Gerb- und Schleimstoffe, Mineralstoffe oder Vitamine. Wichtig: Frisch geerntet sind sie am wertvollsten (ideal ist ein Kräuterbeet im Garten oder im Balkonkasten). Nicht vergessen: Kräuter stets kurz vor dem Gebrauch kurz abspülen, trocken tupfen und anschließend – möglichst mit einem großen Messer – klein schneiden (und nicht hacken). So bleibt ihr Aroma am ehesten erhalten.

Augen auf beim Einkauf

Vegetarier bevorzugen in der Regel beim Einkauf naturbelassene Lebensmittel. Wenn weiterverarbeitete Lebensmittel wie Käse, Brotaufstriche, fertig gekauftes Brot, Marmelade, Pizza, vegane Würstchen u.a. mit im Einkaufskorb landen, ist der Blick auf die Zutatenliste unverzichtbar. Hier kann man nachlesen, ob die Zutaten wirklich auf pflanzlicher Basis hergestellt sind. Was an erster Stelle steht, ist auch mengenmäßig am meisten enthalten. Ausnahmen bestehen unter anderem bei der „25 %-Regelung". Das heißt, dass zusammengesetzte Zutaten, die weniger als ein Viertel eines Produktes ausmachen, nicht in ihren Einzelheiten deklariert werden müssen. Lose Waren (Obst, Gemüse und Kartoffeln sowie Süß- und Backwaren) als auch figürliche Zuckerwaren (Osterhase, Weihnachtsmann) müssen ebenfalls nicht gekennzeichnet sein.

Vegetarische Fertigprodukte nutzen

Viele Supermärkte bieten Regale an, in denen es vegetarische Schnitzel, Würste, Aufschnitt, Brotaufstriche u.v.m. gibt. Dies hat den praktischen Vorteil, dass man dieselbe Mahlzeit kochen kann für Vegetarier und Nicht-Vegetarier. Besonders beliebt sind Sojaprodukte, z. B. in Form von Sojasaucen, -milch, -kaffee, -mehl oder -quark (Tofu). Die Basis sind Sojabohnen, die ballaststoffreich sind und viele essentielle Aminosäuren enthalten.

Gelatine – nicht nur in Gummibärchen

Gelatine ist ein Geliermittel, das aus Teilen von Rind und Schwein hergestellt wird. Es ist ein durchsichtiges, geruchs- und geschmacksneutrales Lebensmittel. Gelatine kann in Gummibärchen (und anderen Süßwaren), Puddings, Joghurtzubereitungen, Frischkäse, Backwaren u.a.m. vorkommen. In der vegetarischen Ernährung werden stattdessen pflanzliche

Gelier- und Bindestoffe wie Agar Agar, Carageen oder Johannisbrotmehl eingesetzt. Als Vegetarier sollte man trüben Fruchtsäften und evtl. Weinen den Vorzug geben. Gelatine wird bei Getränken oftmals zum Binden der Trübstoffe verwendet, damit diese schön klar werden.

Vorsicht: Auch das sind tierische Produkte

* Molke: Restflüssigkeit, die bei der Käseherstellung entsteht. Molke wird Kuchen, Keksen, Broten und Süßigkeiten zugesetzt. Alternativ: Sojamolke verwenden
* Ölsäure: Eine Mischung aus pflanzlichen und tierischen Ölen. Alternativ: Pflanzenöle
* Schellack: Wird gewonnen aus der Ausscheidung der Lackschildlaus. Überzug für Süßigkeiten. Alternativ: Pflanzliche Wachse
* Frittierfette: Enthalten oft tierische Fette. Alternativ: Pflanzenöle
* Stearinsäure: Stammt vom Schwein, Pflanzen oder der Kokosnuss. Verwendung in Kaugummis oder als Geschmacksverstärker
* Farbstoffe (E 100 bis E 180) können aus tierischen Quellen kommen
* Glycin: Stammt zum Teil vom Tier, Verwendung als Geschmacksverstärker (E 640)

Tipps für den vegetarischen Alltag

* Möglichst abwechslungsreich vegetarisch essen.
* Dem Energiebedarf angepasst ernähren.
* Möglichst naturbelassene Lebensmittel verwenden: Vollkornbrot statt Weißbrot, Vollkornreis statt geschältem Reis.
* Jeden Tag verschiedene Eiweißquellen einplanen: Hülsenfrüchte, Sojaprodukte, Nüsse, Samen, Getreide und eiweißreiche Gemüsesorten (wie Rosenkohl, Spinat oder verschiedene Sprossen).
* Lebensmitteln aus der Region und der Saison den Vorzug geben.

KAPITELREGISTER

ALPHABETISCHES REGISTER

Unser Ratgeber- und Servicetelefon
Wünsche und Anregungen sind uns willkommen! Haben Sie Fragen? Benötigen Sie Hilfe bei der Zubereitung der Rezepte oder möchten Sie uns etwas mitteilen? Die Mitarbeiter des Dr. Oetker Verlages und des Verbraucherservices der Dr. Oetker Versuchsküche beantworten Ihre Fragen gern.

Versuchsküche: Tel. 0 08 00 71 72 73 74
Mo.–Fr. 8:00–18:00 Uhr (gebührenfrei in Deutschland)
Dr. Oetker Verlag: Tel. +49 (0) 521 52 06 50
Mo.–Fr. 9:00–15:00 Uhr

Dr. Oetker Verlag KG, Am Bach 11, 33602 Bielefeld, www.oetker-verlag.de
www.facebook.com/Dr.OetkerVerlag www.oetker.de

Copyright

© 2015 by Dr. Oetker Verlag KG, Bielefeld

Redaktion

Carola Reich, Annette Riesenberg

Texte und Ratgeber

Klaus Schäfer, Bonn

Titelfoto

Fotostudio Diercks

Innenfotos

Fotostudio Diercks, Thomas Diercks, Kai Boxhammer, Christiane Krüger, Hamburg
(S.4/5, 6/7, 9, 11, 15, 23, 24/25, 27, 29, 31, 33, 35, 37, 39, 45, 46/47, 49, 51, 53, 57, 59, 63, 65, 67, 69, 71, 73, 74/75, 77, 79, 81, 83, 85, 95, 97, 98/99, 101, 103, 109, 111, 112/113, 115, 121, 123)
Eising Studio Food Photo&Video, München (S. 124/125)
Ulli Hartmann, Halle/West. (S. 107)
Janne Peters, Hamburg (S. 19, 21, 43, 61, 87, 89, 91)
Antje Plewinski, Berlin (S. 17, 55, 93, 105)
Hans-Joachim Schmidt, Hamburg (S. 13)
Axel Struwe, Bielefeld (S. 41, 117, 119)

Rezeptberatung

Anke Rabeler, Berlin

Nährwertberechnungen

Nutri Service, Hennef

Titelgestaltung
Grafisches Konzept

küstenwerber, Hamburg
küstenwerber, Hamburg

Gestaltung, Satz und Reproduktionen

Lithotronic Media, Berchtesgaden

Druck und Bindung

Druckerei Stürtz, Würzburg

ISBN: 978-3-7670-0891-5